Röhrenpilz **Lamellenpilz**

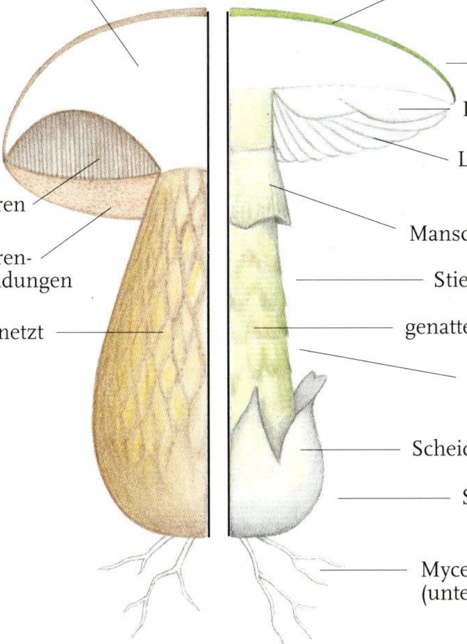

Schema eines Röhrenpilzes (Beispiel Gallenröhrling, *Tylopilus felleus)* und eines Lamellenpilzes (Beispiel Grüner Knollenblätterpilz, *Amanita phalloides*); beachten Sie, daß die verschiedenen Merkmale nicht immer so prägnant ausgebildet und ersichtlich wie in diesen Beispielen sind. Auch die Farben variieren in der Realität.

KOSMOS *naturführer*

Pilze

Sicher bestimmen mit Foto und Zeichnung

Pilze

Kurzinformationen im Bestimmungsteil

Erscheinungszeit: Auftreten der Fruchtkörper (Angaben in Monaten)
Größe: Hutdurchmesser bei Blätterpilzen und Größe bei den anderen Pilzarten im hinteren Buchteil (Angaben in cm)
Speisewert: guter Speisepilz, eßbar, kein Speisepilz, ungenießbar, giftig oder tödlich giftig

Karin Montag

Pilze

KOSMOS

Es gibt in Mitteleuropa rund 5.000 Großpilze, d. h. Pilze, deren Fruchtkörper man mit bloßem Auge sehen kann. Die im Bestimmungsteil ab Seite 14 vorgestellten mitteleuropäischen Arten können also nur eine erste Übersicht über die faszinierende Welt der Pilze geben. Dieses Buch stellt nicht nur die am häufigsten vorkommenden Pilzarten dar und weist auf ihre Doppelgänger hin. Vielmehr möchte es auch und gerade die vielfältigen Aufgaben der Pilze im Naturhaushalt bewußt machen. Wenn es gelänge, Ihnen nicht nur die Kenntnis der häufigsten Pilze zu vermitteln, sondern auch Interesse und Verständnis für die Zusammenhänge in der Natur und die wichtige Rolle der Pilze in ihren Lebensräumen zu wecken, dann hätte das Buch seinen Zweck erfüllt.

Stumpfer Saftling *Hygrocybe chlorophana*, eine der vielen Arten im Pilzreich

Die vorgestellten Pilze sind in natürlichen Gruppen zusammengefaßt. Jeder Pilzgruppe ist eine Kennfarbe und ein Symbol zugeordnet. Auf der vorderen Umschlagklappe finden Sie einen Bestimmungsschlüssel, mit dessen Hilfe Sie den gefundenen Pilz zunächst grob zuordnen können. Im Bestimmungsteil werden Sie wieder den Farben und Symbolen begegnen und anhand des Fotos, der Zeichnung und der Beschreibung Ihren Pilz wiedererkennen.

In der Infoleiste am Rand finden sich zunächst Angaben zur **Erscheinungszeit**, zur **Größe** und zum **Speisewert**. Als Speisepilze gelten nur Pilze, die folgende Kriterien erfüllen: Sie müssen zumindest im ausreichend gegarten Zustand ungiftig sein. Sie müssen darüber hinaus Wohlgeschmack besitzen und eine für die kulinarische Verwendung geeignete Größe und Konsistenz haben. Gefährdete Arten (Rote Liste) sind keine Speisepilze.

Unter **Merkmale** werden dann als wesentliche Bestimmungsmerkmale das Aussehen von Hut, Stiel, Fleisch sowie der Geschmack und der Geruch beschrieben. Daran schließen sich Angaben zum **Vorkommen**, d. h. zum Lebensraum des Pilzes, und zur geografischen **Verbreitung** an. Im Haupttext erhalten Sie weiterführende Informationen, u. a. zu Namensursprüngen sowie Verwechslungsmöglichkeiten. Bitte betrachten Sie einen Pilz nur dann als richtig bestimmt, wenn alle Merkmale Ihres Pilzes mit der Beschreibung übereinstimmen. Nur dann können Sie davon ausgehen, daß Sie wirklich diese Pilzart gefunden haben. Sollten Sie unsicher sein, dann hilft Ihnen die nächste Pilzberatungsstelle weiter, deren Anschrift Sie vom Gesundheitsamt oder der Verbraucherzentrale erhalten. Essen Sie keine Pilze, die nicht wirklich zweifelsfrei identifiziert und unbedenklich sind.

Im Anschluß an den so aufgebauten Bestimmungsteil findet sich eine Zusammenstellung einiger Pilze, die in beliebten europäischen Ferienregionen, nämlich Skandinavien, dem Atlantikgebiet und dem Mittelmeerraum, zu finden sind. Diese Seiten (Seite 212 – 217) sollen Ihnen Lust machen, sich auch einmal im Urlaub mit der dortigen Pilzwelt zu beschäftigen.

Eine von einem Parasitischen Scheidling befallene Nebelkappe sieht man nur äußerst selten.

Was sind Pilze?

Pilze sind ausdauernde, meist unsichtbare, mikroskopisch feine Geflechte, die den Waldboden, totes oder lebendes Holz und vielerlei organische Abfälle besiedeln. Was wir als Pilze wahrnehmen, sind lediglich die Fruchtkörper, die, ähnlich den Früchten der Bäume, die Aufgabe haben, ihre Vermehrungsorgane, die Sporen, zu erzeugen und zu verbreiten (s. auch Seite 9).

Pilze gehören weder zum Tier- noch zum Pflanzenreich, sondern bilden ein eigenes Reich, in der Fachsprache Funga genannt. Von den Pflanzen unterscheiden sich die Pilze durch den Aufbau der Zellwände, aber auch da-

Myzel und Fruchtkörper

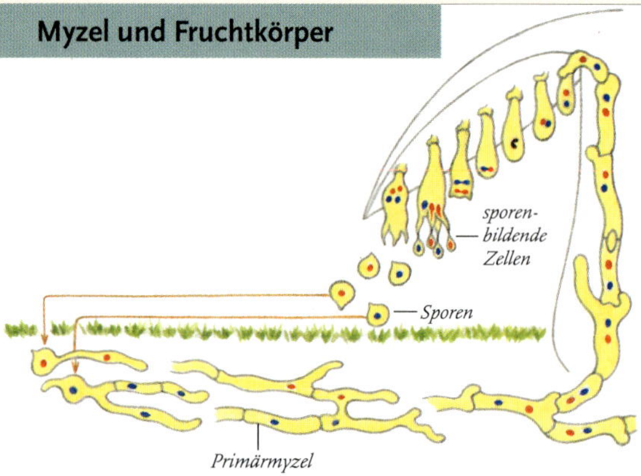

durch, daß sie nicht zur Photosynthese befähigt sind. Ihren Energiebedarf decken die Pilze durch Stoffaustausch mit Symbiosepflanzen (s. Seite 7) oder durch Abbau toter organischer Materie. Von den Tieren grenzen sie sich grundsätzlich dadurch ab, daß sie sich nicht fortbewegen können. Eine Ausnahme bilden die Schleimpilze (Myxomycetes), die dies doch können und die aktiv auf Nahrungssuche gehen. Folgerichtig wurden sie auch vor einiger Zeit als dem Tierreich zugehörig anerkannt.

Recyclingspezialisten

Gäbe es keine Pilze, würde der Wald in kürzester Zeit an seinem eigenen „Müll" ersticken. Denn neben Bakterien haben nur Pilze die Fähigkeit, organische Substanz wieder in ihre Grundbestandteile zu zerlegen und diese so als Nahrungsgrundlage für Nachfolgeorganismen verfügbar zu machen. Neben Holz werden auch das Fallaub und die Nadeln der Wälder, Mist, tote Insekten, Gewölle, Horn, Holzkohle, Pappe und tote Gräser besiedelt und zerlegt. Einige, teilweise bizarr anmutende Arten sind auf ganz bestimmte Substrate spezialisiert und besetzen denkbar enge Ni-

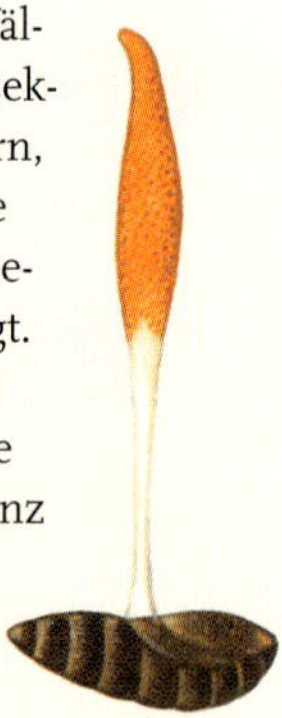

Die Puppenkernkeule wächst nur auf toten Insektenpuppen.

schen im ökologischen Gefüge. Als Beispiel mag hier die Puppenkernkeule dienen, deren leuchtendorange Fruchtkörper in toten, vorjährigen Insektenpuppen heranwachsen.

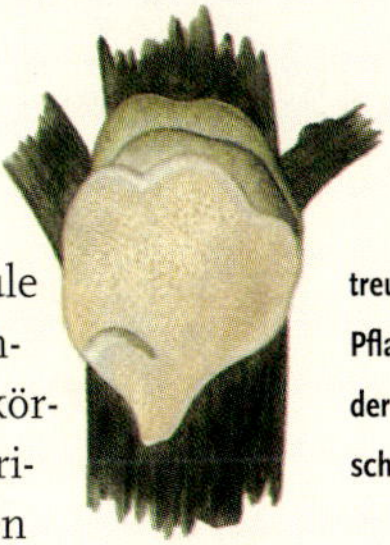

treuer Begleiter des Pflaumenbaumes – der Pflaumen-Feuerschwamm

▸ Die Lebensweise

Die meisten Arten sind Fäulnisbewohner. Sie besiedeln und zersetzen tote organische Materie (Saprophyten). Eine kleinere Anzahl lebt parasitisch. Diese befallen und schädigen lebende Organismen, zumeist Bäume. Unter ihnen sind so gefürchtete Forstschädlinge wie der Wurzelschwamm und der Hallimasch, die ihren Wirt aggressiv attackieren und oft recht schnell töten. Es gibt aber auch eher „geruhsame Mörder", die mit ihrem Wirt viele Jahre ausharren und schließlich zusammen mit ihm zugrunde gehen. Ein Beispiel hierfür ist der Pflaumen-Feuerschwamm, von dem nahezu jeder ältere Pflaumenbaum befallen ist. Der Baum läßt sich aber vom Pilz kaum in seiner Früchteproduktion beeinträchtigen.

Nicht wenige Pilze haben sich ihresgleichen als Wirt ausgesucht. So findet man sehr oft Filzröhrlinge mit einem zunächst

▸ Mykorrhiza

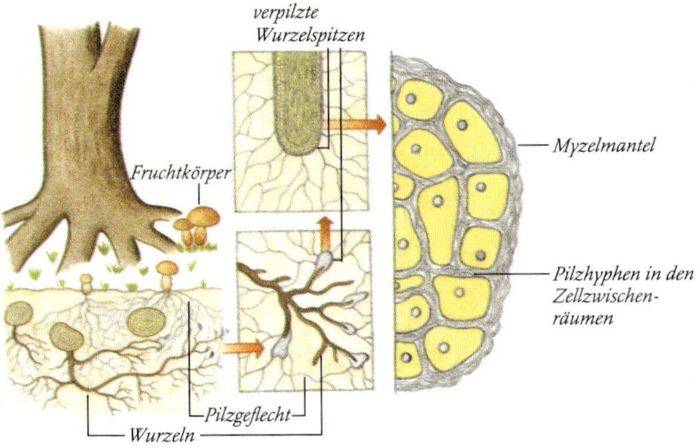

weißen, später leuchtend goldgelben Schimmelbefall. Es handelt sich hier um den Goldschimmel *Hypomyces chrysospermus*. Mykorrhizapilze schließlich sind die Arten, die mit Bäumen, aber auch mit Gräsern und anderen Pflanzen in einer Lebensgemeinschaft leben (s. hierzu auch S. 224). Mit ihrem Geflecht umspinnen sie die Feinwurzeln ihrer Lebenspartner und ermöglichen so einen intensiven Nährstoffaustausch zu beiderseitigem Nutzen. Der Pilz nimmt sich verschiedene Nährsalze, die er für sein Wachstum benötigt, und ermöglicht im Gegenzug dem Baum eine effizientere Aufnahme des Bodenwassers und der darin gelösten Stoffe. Die Wurzelsymbiose (Mykorrhiza) nützt dem Baum auch durch eine Stärkung der Abwehrmechanismen gegen Krankheitserreger. Mykorrhizierte Bäume sind ungleich vitaler und gesünder als Bäume ohne Pilzpartner. Inzwischen hat man die immense Bedeutung der Mykorrhiza für die Forstwirtschaft erkannt und versucht, sie nach Kräften zu fördern. Gleichwohl sind es die Mykorrhizapilze, die am stärksten zurückgehen. Sie sind sehr empfindlich gegen Umwelteinflüsse.

Entwicklung und Vermehrung

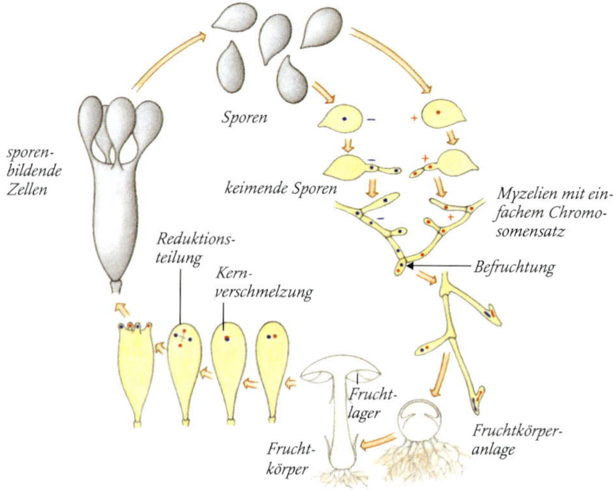

Differenzierung bei Pilzen

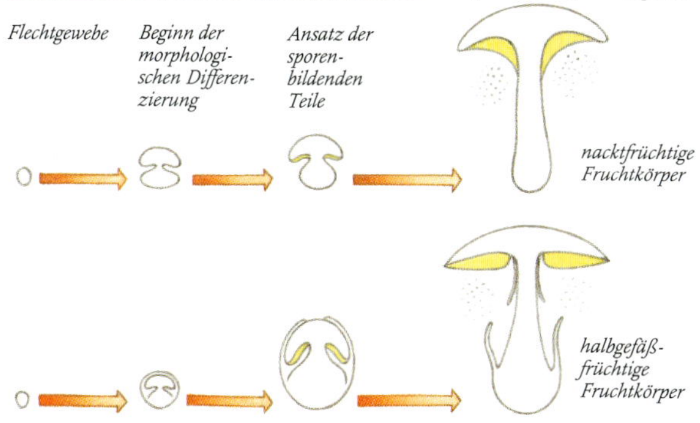

Aufbau und Vermehrung

Die für uns sichtbaren Pilze sind lediglich die Fruchtkörper der eigentlichen Organismen, die im Boden oder in ihrem umgebenden Substrat leben. Das Fadengeflecht besteht aus einzelnen, langgestreckten Zellen, den sogenannten Hyphen. Diese keimen aus einer Spore aus und vereinigen sich mit den Hyphen aus einer gegengeschlechtlichen Spore. Das so entstehende Geflecht nennt man Myzel. Es kann sehr groß und alt werden.

Bei geeigneten Umgebungsbedingungen bildet das Pilzgeflecht Fruchtkörper. Die Pilzfäden ballen sich zu dichten Knäueln und Knötchen, den sogenannten Primordien, zusammen. Dies sind die Ursprünge der Fruchtkörper, die später als „Pilze" wahrgenommen werden. Sie entwickeln sich im Verlauf des rasanten Wachstums und trennen (differenzieren) sich z. B. in Hut, Stiel und Lamellen. Komplexe Zellen überziehen als sogenannte „Fruchtschicht" die Außenseiten der Lamellen, die Innenseiten der Röhren von Röhrlingen und die glänzende Schicht der Becherlinge sowie die Innenseiten der Bauchpilze. Darin wird dann eine schier unfaßbare Anzahl von Sporen gebildet. Bei der Reife lösen sie sich vom Fruchtkörper ab und werden meist vom Wind verweht. An geeigneten Orten keimen sie aus und bilden ein neues Myzel.

Pilze und Naturschutz

Pilze sind im höchsten Maße gefährdet und schutzbedürftig. Was wir dringend brauchen, sind eine naturgemäße und nachhaltige Forstwirtschaft, Programme zur Luftreinhaltung von Luft und Gewässern, Reduzierung von Stickstoffeinträgen, eine umweltverträgliche Wasserwirtschaft, Erhaltung, Schaffung und Vernetzung wertvoller und artenreicher, ungestörter Lebensräume, nicht nur der Pilze wegen, sondern für die Erhaltung der allgemeinen Artenvielfalt.

▸ Die Rote Liste

Um den Artenrückgang zu dokumentieren, wurden Rote Listen gefährdeter oder ausgestorbener Arten erstellt. Die Rote Liste der Pilze enthält 1.400 Pilzarten (Stand 1992). Demgegenüber waren es 1984 „nur" 1.037 Pilzarten. Im Bestimmungsteil wird bei den jeweiligen Arten auf ihre Gefährdung eingegangen.
Im Gegensatz zu der von verschiedenen Interessenvertretern so gerne geäußerten Meinung, daß das Pilzesammeln eingeschränkt oder verboten werden sollte, ist festzustellen, daß die Pilzsammler am feststellbaren Artenrückgang nicht schuld sind.

Der Schwarze Korkstacheling (*Phellodon niger*) steht auf der Roten Liste.

Die Pilzarten, die am meisten bedroht oder gar ausgestorben bzw. verschollen sind, gehören nicht zu den Arten, die zu Speisezwecken gesammelt werden, sondern sind solche, die spezielle Ansprüche an ihre Umgebung stellen. Werden deren Lebensräume vernichtet oder verändert, so entzieht man diesen Arten ganz einfach die Existenzgrundlage.
Gleichwohl ist jeder Sammler natürlich zu einem schonenden Umgang mit der Natur aufgefordert. Daher sollte sich jeder die zehn goldenen Regeln für Pilzsammler zu Herzen nehmen.

Pilze und Gesundheit

Als tödlich giftig gelten Pilzarten, deren Genuß schwere oder bleibende Organschädigungen verursachen und die einer intensiven und/oder lange andauernden Therapie bedürfen. Es sind nur ein knappes Dutzend Arten, die solche, manchmal tödlich verlaufende Vergiftungen hervorrufen. Jeder Pilzsammler sollte sie un-

Zehn goldene Regeln für Pilzsammler

1. Seien Sie kein „Kindermörder". Noch nicht völlig entwickelte Pilze sind extrem leicht zu verwechseln und haben schon fatale Vergiftungen verursacht. Darüber hinaus wird dem Pilz die Möglichkeit der Sporenverbreitung genommen.
2. Tragen Sie keine madigen Pilze nach Hause. Sie können und werden sie doch nicht verwerten, und an ihrem Standort können sie ihre Aufgabe der Sporenverbreitung noch erfüllen.
3. Beschädigen Sie den Waldboden nicht, hinterlassen Sie keine Spur der Zerstörung.
4. Verzichten Sie auf die Ernte einzelner Fruchtkörper. Lassen Sie immer etwas übrig, um einer neuen Pilzgeneration eine Chance zu geben.
5. Tragen Sie die Pilze im luftigen Korb nach Hause und nicht in einer Plastiktüte. Im Korb werden Ihre Pilze nicht nur optimal aufbewahrt, sondern haben sogar unterwegs noch die Möglichkeit, ihre Sporen auszustreuen.
6. Sammeln Sie nur soviel, wie Sie auch verzehren können. Nirgendwo steht geschrieben, daß Sie alles aufsammeln müssen, obwohl Sie nur die Hälfte aufessen können. Eine vernünftige Vorratshaltung unterscheidet den kultivierten Pilzfreund vom „nimmersatten Triebsammler".
7. Bringen Sie nach Möglichkeit die Putzreste zurück in das Sammelgebiet oder in ein geeignetes Biotop.
8. Lassen Sie etwas übrig. Ein anderer Pilzsammler ist sicher froh darüber, und möglicherweise schätzt er aus mannigfachen Gründen ganz andere Arten als Sie.
9. Tragen Sie bewußt zur Erhaltung der Arten bei. Respektieren Sie die Rote Liste.
10. Ob Sie Pilze abschneiden, heraushebeln oder herausdrehen, ist zweitrangig. Solange Sie das eigentliche Pilzgeflecht, das Myzel, nicht beschädigen, ist die eine Methode so gut wie die andere. Wenn ein Pilz aber erst noch bestimmt werden muß, ist es wichtig, daß die Stielbasis einschließlich eventuell vorhandener Hüllreste vorliegt.

bedingt sicher erkennen, bevor er eine selbst gesammelte Mahlzeit verzehrt. Die restlichen ca. 100 giftigen Arten in Mitteleuropa rufen mehr oder weniger heftige Irritationen des Verdauungstraktes oder des Kreislaufes hervor, hinterlassen aber bei ansonst gesunden Menschen meist keine bleibenden Schäden. Gleichwohl können derartige Vergiftungen einen dramatisch anmutenden Verlauf zeigen.

Darüber hinaus gibt es zahlreiche, oft sehr heftige oder gar bedrohliche, individuelle Unverträglichkeiten und allergieartige Erscheinungen, die durch ansonsten unbedenkliche Speisepilze hervorgerufen werden können. Als Beispiele seien Hallimasch und Nebelkappe genannt. Insofern kann dieses Buch keine Gewähr dafür geben, daß alle als ungiftig angegebenen Pilze gut vertragen werden.

Nicht zu unterschätzen sind die scheinbaren Vergiftungen, die psychologische Ursachen haben und auf Zweifeln an der Unbedenklichkeit einer genossenen Mahlzeit beruhen.

Schließlich können Pilzarten, die Schwermetalle oder radioaktive Stoffe aus der umgebenden Erde anreichern, zu gesundheitlichen Beeinträchtigungen führen. Als Beispiele seien einige Champignonarten genannt, die Cadmium anreichern, und der Maronenröhrling, der vermehrt Cäsium bindet. Die Strahlenbelastung durch den Reaktorunfall in Tschernobyl ist in Westeuropa zum großen Teil abgeklungen. Lediglich der Maronenröhrling weist in einigen Gebieten noch leicht erhöhte Gehalte an Cäsium 137 auf, die aber meist nicht die als unbedenklich geltenden Grenzwerte erreichen.

Unechte Pilzvergiftungen haben verdorbene Pilze zur Ursache und gehören daher in die Kategorie Lebensmittelvergiftungen.

► Was tun bei einer Pilzvergiftung?

Sollten Sie ernsthafte Beschwerden nach einer Pilzmahlzeit bekommen, sehen Sie bitte von der Anwendung von Hausmitteln ab. Rufen Sie den Hausarzt an. Bewahren Sie Putzreste der Pilze und Erbrochenes auf.

Nützlich sind auch die folgenden Adressen, an die Sie sich im Notfall wenden können:

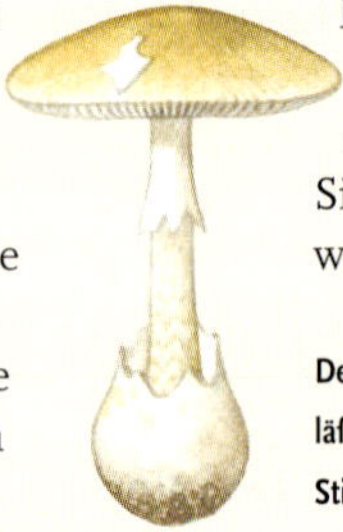

Der Grüne Knollenblätterpilz läßt sich gut an seiner knolligen Stielbasis erkennen.

Informationszentralen für Notfälle

Deutschland

Landesberatungsstelle für Vergiftungserscheinungen und Embryonaltoxikologie
Pulsstr. 3 – 7
14059 **Berlin**
030/19 240

Informationszentrale für Vergiftungen
Zentrum für Kinderheilkunde der Rheinischen Friedrich-Wilhelms-Universität Bonn
Adenauerallee 119
53113 **Bonn**
0228/287-3211, -3333

Gemeinsames Giftinformationszentrum der Länder Mecklenburg-Vorpommern, Sachsen, Sachsen-Anhalt und Thüringen
Nordhäuserstr. 74
99089 **Erfurt**
0361/73 07 30

Informationszentrale für Vergiftungen
Universitätskinderklinik Freiburg
Mathildenstr. 1
79106 **Freiburg**
0761/27 04 361 (Notruf), 43 00 01 (Zentrale)

Giftinformationszentrum-Nord
Zentrum Pharmakologie und Toxikologie der Universität Göttingen
Robert-Koch-Str. 40
37075 **Göttingen**
0551/38 31 80 oder 19 240

Universitätskliniken
Klinik für Kinder- und Jugendmedizin
Informations-und Beratungszentrum für Vergiftungsfälle
66421 **Homburg/Saar**
06841/19 240

Beratungsstelle bei Vergiftungen
II. Medizinische Klinik und Poliklinik der Universität
Langenbeckstr. 1
55131 **Mainz**
06131/19 240 (Notruf) oder 23 24 66 (Anfragen)

Giftnotruf München
Toxikologische Abteilung der II. Medizinischen Klinik rechts der Isar der Technischen Universität München
Ismaninger Str. 22
81675 **München**
089/19 240

II. Medizinische Klinik des Städtischen Krankenhauses Nürnberg Nord
Toxikologische Intensivstation
Flurstr. 17
90419 **Nürnberg**
0911/39 82 451 (Gifttelefon)

Österreich

Vergiftungsinformation
Allgemeines Krankenhaus
Währinger Gürtel 18 – 20
1090 **Wien**
01/40 64 34 30

Schweiz

Schweizerisches Toxikologisches Informationszentrum
Klosbachstr. 107
8030 **Zürich**
01/25 15 15 1

- Juni bis November
- 6–12 cm
- ungenießbar

- **Merkmale**
  Hut feucht glänzend, hellbraun bis dunkel kastanienbraun, kompakt, vollfleischig, alt schwammig werdend; Röhren anfangs weißlich, später rosa; Stiel weißlich-grau, nicht verfärbend, kompakt und fest, auf der Oberfläche mit deutlicher, dunkelbrauner, grober Netzzeichnung

- **Vorkommen**
  bei Nadelbäumen auf allen Böden

- **Verbreitung**
  überall verbreitet und in manchen Jahren ein Massenpilz

Gallenröhrling

Tylopilus felleus

Der wissenschaftliche Artname felleus bedeutet gallenbitter. Tatsächlich kann ein einziger, irrtümlich für einen Steinpilz gehaltener Fruchtkörper ein ganzes Pilzgericht ungenießbar machen. Der Gallenröhrling ist der klassische Doppelgänger des Steinpilzes, hat aber rosa Röhrenmündungen und ein grobes Stielnetz. Die Röhren sind ziemlich lang und schauen beim reifen Pilz als dickes rosa Polster unter dem Hutrand hervor. Pilzberatungsstellen können ein Lied von den enttäuschten Gesichtern zahlreicher Pilzsucher singen, die einen ganzen Korb vermeintlicher Steinpilze vorlegten. Verwechslungen sind jedoch ungefährlich.

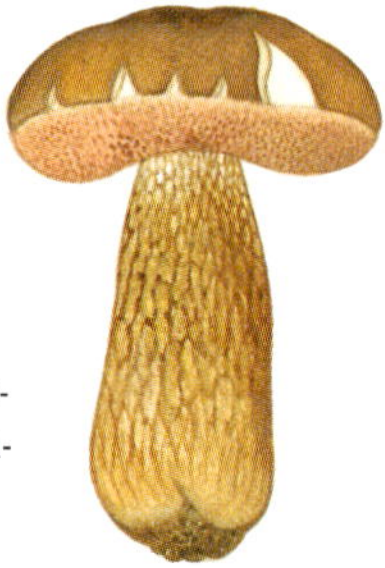

rosa, polsterförmiges Röhrenfutter

Steinpilz, Herrenpilz

Boletus edulis

- September bis November
- 5–25 cm
- guter Speisepilz

Er ist einer der besten Speisepilze, über die sich jeder Pilzsammler freuen darf. Auch hat er noch einige Verwandte, die ebenso leicht kenntlich und wohlschmeckend sind. Der Sommersteinpilz *Boletus reticulatus* besitzt einen helleren Hut und erscheint bereits im Juni in Laubwäldern. Der weniger häufige Kiefernsteinpilz *Boletus pinophilus* ist dunkel rotbraun und wächst bei Kiefern. Der Schwarzhütige Steinpilz *Boletus aereus* kommt sehr selten vor und steht auf der Roten Liste. Der Name Herrenpilz entstammt übrigens der früheren Verpflichtung, die gefundenen Pilze den jeweiligen Regenten, den Herren, abzuliefern.

Sommersteinpilz
Boletus reticulatus

- **Merkmale**
  Hut feucht glänzend, hellbraun bis dunkel kastanienbraun, kompakt, vollfleischig, alt schwammig werdend; Röhren anfangs weißlich, später grünlichgelb; Stiel weiß, gelegentlich braunfleckig, kompakt und fest, auf der Oberfläche mit feiner Netzzeichnung; Fleisch weiß
- **Vorkommen**
  in bodensauren, aber auch neutralen bis kalkhaltigen Laub- und Nadelwäldern
- **Verbreitung**
  in ganz Europa häufig anzutreffen

- September bis November
- 2–7 cm
- eßbar in geringen Mengen (Würzpilz)

- **Merkmale**
  Hut bei feuchtem Wetter schmierig, sonst matt, zimtorange; Röhren weit, eckig, wie Hut gefärbt; Sporenpulver rostbraun; Stielfarbe wie Hut und Röhren, dünn, zylindrisch mit zugespitzter Basis, oft verbogen, vollfleischig; Fleisch nicht blauend; Geschmack pfefferartig scharf

- **Vorkommen**
  bei Nadelbäumen auf allen Böden

- **Verbreitung**
  überall häufig, aber selten in großer Anzahl

Pfefferröhrling

Chalciporus piperatus

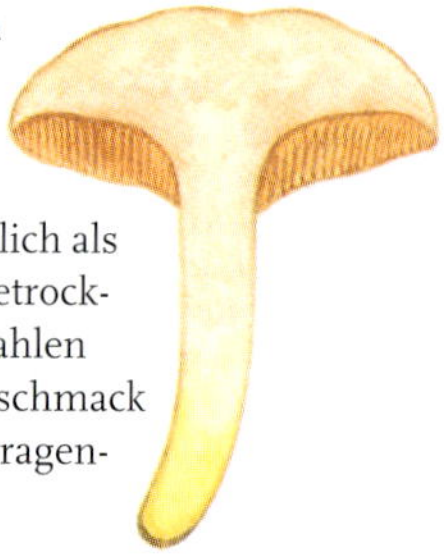

durchgeschnittener Pfefferröhrling

Der meist unter Kiefern zu findende Pfefferröhrling, wegen seiner Schärfe vielfach als ungenießbar beschrieben, wird gelegentlich als Pfefferersatz verwendet. Getrocknet und zu Pilzpulver gemahlen verliert sich der scharfe Geschmack weitgehend. Zu den hervorragenden Speisepilzen gehört er aber auch dann nicht.
Er ist der einzige Röhrling mit scharfem Fleisch und läßt sich gut an der einheitlich zimtorangen Färbung erkennen. Die Gattung *Chalciporus* enthält noch drei andere, sehr seltene Arten, die ebenso wie der hier beschriebene Pilz in Mykorrhizasymbiose mit Nadelbäumen leben.

Hasenröhrling

Gyroporus castaneus

Der Volksname Hasenröhrling bezieht sich auf die warmen Brauntöne und die feinsamtige Huthaut. Sein zimtbrauner, samtiger Stiel bildet einen auffälligen Kontrast zur hellen Röhrenschicht und zum wiederum braunsamtigen Hut. Der Maronenröhrling sieht gelegentlich ähnlich aus, hat aber blauendes Fleisch. Strenggenommen könnte man den Hasenröhrling essen; er ist aber ziemlich selten geworden und steht als stark gefährdet auf der Roten Liste. Der Hasenröhrling und der seltene Kornblumenröhrling sind die beiden einzigen Arten einer Gattung, die wegen des hellen Sporenpulvers Blaßsporröhrlinge genannt wird.

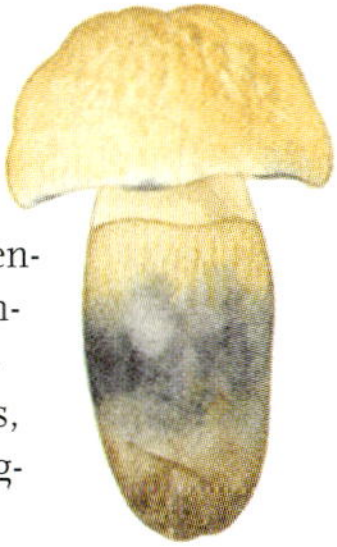

Kornblumenröhrling
Gyroporus cyanescens

- **Juli bis September**
- **4–10 cm**
- **eßbar, aber wegen Seltenheit zu schonen**

- **Merkmale**
  Hut samtig-matt, zimtbraun; Röhrenmündungen fein, erst weißlich, im Alter gelblich werdend; Stiel kaum bauchig, gekammert-hohl; Außenseite samtig-matt, zimtbraun; Fleisch weißlich, sehr fest, aber brüchig, nicht verfärbend; Geruch angenehm; Geschmack nußartig
- **Vorkommen**
  unter Eichen und Buchen, gerne auf sandigen Böden
- **Verbreitung**
  in Süddeutschland ortshäufig, sonst eher selten

- Juli bis Oktober
- 5–15 cm
- guter Speisepilz

- **Merkmale**
  Hut leuchtend orangefarben, samtig-filzig, trocken; Röhrenmündungen auf Druck orangebräunlich anlaufend; Stiel kompakt, voll, fest, zylindrisch, auf weißem Grund mit orangefarbenen Schüppchen; Fleisch weiß, im Schnitt zuerst rötend, dann schwärzend, fest; Geruch und Geschmack angenehm

- **Vorkommen**
  bei Zitterpappeln auf allen Böden

- **Verbreitung**
  in Norddeutschland selten, im Süden häufiger

Espen-Rotkappe

Leccinum rufum

Rotkappen sind gute Speisepilze, auch wenn sie sich beim Kochen schwarz verfärben. Abgesehen davon stellen sie eine Augenweide für jeden Pilzsammler dar. Die meisten sollten wegen ihrer Seltenheit unbedingt geschont werden, einige stehen sogar auf der Roten Liste. Die Espen-Rotkappe ist eine der häufigeren Arten, die man an den orangefarbenen Stielschüppchen gut erkennen kann. Alle Rotkappen sind stark spezialisierte Mykorrhizapilze, die nur eine einzige Partnerbaumart akzeptieren. Mit etwas Glück kann man im Herbst auch unter Birken, Eichen und Kiefern Rotkappen finden.

unter Birken: Heiderotkappe
Leccinum versipelle

Birkenpilz

Leccinum scabrum

Birkenpilze gehören zu den am besten bekannten Pilzen. Sie stellen recht gute Speisepilze dar, besonders wenn sie noch jung und fest sind. Abgesehen davon kann man sie kaum mit Giftpilzen verwechseln. Im Alter werden sie allerdings unangenehm schwammig. Neben den Birkenpilzen gibt es noch einige weitere braunhütige Rauhfußröhrlinge, die ebenfalls stark spezialisierte Mykorrhizapilze einzelner Baumarten sind. Der Hainbuchen-Rauhfuß *Leccinum carpini* gehört zu den häufigen Vertretern der Gattung und wächst, wie der Name sagt, unter Hainbuchen. Er hat schwärzliche Stielschüppchen und ist ebenfalls eßbar.

Hainbuchen-Rauhfuß
Leccinum carpini

- **Juni bis Oktober**
- **5–12 cm**
- **eßbar**

- **Merkmale**
  Hut samtig-filzig, trocken, nur jung festfleischig; Röhren auf Druck bräunend; Stiel schlank bauchig oder zylindrisch, auf weißem Grund mit graubraunen Schüppchen, oft länger als der Hut breit; Fleisch weiß und bald schwammig; Geruch und Geschmack angenehm

- **Vorkommen**
  bei Birken auf allen Böden, gerne in offenen Landschaften, wie z.B. Gärten und Parks

- **Verbreitung**
  überall häufig und gemein

- Juli bis Oktober
- 4–10 cm
- eßbar

- **Merkmale**
  Hut leuchtend gelb bis gelbbräunlich, schmierig, Rand lange eingerollt; Röhren anfangs hellgelb, später dunkler oliv, besonders jung mit auffälligen wäßrigen oder milchigen Guttationstropfen, Röhrenmündungen mittelfein; Stiel sahnegelb, ohne Ring; Geruch fein nach Obstkompott; Geschmack mild

- **Vorkommen**
  bei Kiefern auf allen Böden

- **Verbreitung**
  im Norden seltener, sonst sehr häufig

Körnchenröhrling, Schmerling

Suillus granulatus

Ringloser Butterpilz
Suillus collinitus

Der Schmerling, sein Name bezieht sich auf die schmierige Huthaut, ist ein Mykorrhizapilz ausschließlich der Kiefer, aber nicht ganz so häufig wie der Butterpilz (s. Seite 21). Er weist in der Jugend an den Lamellen und im oberen Stielteil zahlreiche Guttationstropfen auf, die beim Eintrocknen bräunliche Flecken hinterlassen. Der Körnchenröhrling wird oft fälschlicherweise für den seltenen Ringlosen Butterpilz *Suillus collinitus* gehalten. Dieser unterscheidet sich aber durch dunklere Hutfarben und eine rosa Stielbasis. Der ähnlich aussehende, ebenfalls eßbare Goldröhrling *Suillus grevillei* (s. Seite 22) wächst bei Lärchen.

Butterpilz

Suillus luteus

- August bis November
- 5–12 cm
- eßbar

Der mit keinem Giftpilz zu verwechselnde Butterpilz kam in der jüngeren Vergangenheit durch einige ungeklärte Vergiftungsfälle ins Gerede. Scheinbar können nach häufigem und reichlichem Genuß individuelle Unverträglichkeiten auftreten. Bewahrheitet sich dies, dann müßte der Butterpilz von der Speisekarte gestrichen werden. Spezifische Giftstoffe wurden aber bisher nicht gefunden und eine ernsthafte Gefährdung dürfte kaum gegeben sein. Der Name Butterpilz rührt von der dicken, abziehbaren, fettglänzenden, meist am Rand überstehenden Huthaut und dem gelben, weichen Hutfleisch her. Von allen Schmierröhrlingen hat er den ausgeprägtesten Ring.

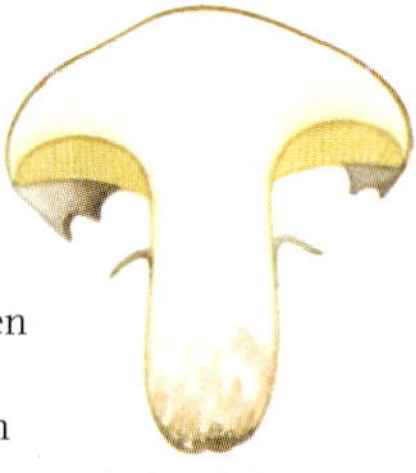

durchgeschnittener Butterpilz

Merkmale
Hut gelbbräunlich, schmierig, eingewachsen radialfaserig; Röhrenschicht anfangs hellgelb, später mit dunklerem Olivton; Stiel gelb, zylindrisch, mit deutlichem, häutigem Ring; Fleisch gelb, anfangs fest, dann bald schwammig; Geruch sowie Geschmack angenehm

Vorkommen
bei Kiefern auf allen Böden

Verbreitung
weit verbreitet, Massenpilz in jungen, lichten Kiefernbeständen auf armen Böden

- Juni bis November
- 4–10 cm
- eßbar

- **Merkmale**
  Hut leuchtend goldgelb; Röhrenschicht anfangs hellgelb, später mit dunklerem Olivton; Stiel goldgelb, zylindrisch, kaum bauchig, mit schleimigem, abfallendem, oft undeutlichem Ring; Fleisch gelb, anfangs fest, bald schwammig; Geruch und Geschmack angenehm

- **Vorkommen**
  bei Lärchen auf allen Böden

- **Verbreitung**
  in allen Lärchenbeständen Europas weit verbreitet und häufig

Goldröhrling

Suillus grevillei

Der schmackhafte Speisepilz gehört zu den auffälligsten und am leichtesten zuzuordnenden Pilzen. Auch hat er keine giftigen Doppelgänger. Alle Schmierröhrlinge sind Mykorrhizabildner mit meist strenger Bindung an eine Nadelbaumart. Ihr gemeinsames Kennzeichen ist u. a. die dicke, klebrige Huthaut. In der selben Gattung gibt es noch zwei weitere lärchenbegleitende Röhrlinge, den Grauen Lärchenröhrling *Suillus viscidus* und den Rostroten Lärchenröhrling *Suillus tridentinus*. Diese sind jedoch wesentlich seltener und meiden saure Böden, während der Goldröhrling auf nahezu allen Böden Fruchtkörper bilden kann.

Rostroter Lärchenröhrling
Suillus tridentinus

Maronenröhrling

Xerocomus badius

- Juli bis November
- 6–12 cm
- guter Speisepilz

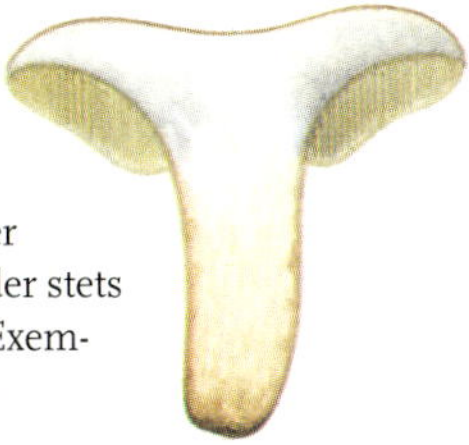

Beim Durchschneiden verfärben sich Fleisch und Röhren blau.

Der Maronenröhrling ist in ganz Mitteleuropa ein gut verbreiteter und häufiger Mykorrhizapilz verschiedener Laub- und Nadelbäume, der stets einzeln oder in wenigen Exemplaren auftritt. Der Volksname leitet sich von der kastanienbraunen Hutfarbe ab. Die Art wurde besonders nach dem Reaktorunglück von Tschernobyl populär, da sie in der Lage ist, radioaktives Cäsium in hoher Konzentration anzureichern. Inzwischen ist die Strahlenbelastung mit Ausnahme einiger weniger Gebiete weitestgehend abgeklungen. Der Maronenröhrling darf also wieder als das gelten, was er immer war – ein ausgezeichneter und wohlschmeckender Speisepilz.

Merkmale
Hut satt kastanienbraun, bei feuchtem Wetter schmierig, rasch abtrocknend und samtig-matt, kompakt, vollfleischig, alt schwammig werdend; Röhren anfangs weißlich, später deutlich olivgrünlich; Stiel etwas heller braun als der Hut, zylindrisch, kompakt und fest, berindet

Vorkommen
in Nadel-, seltener in Laubwäldern, auf allen Böden

Verbreitung
in ganz Mitteleuropa verbreitet und häufig

- Mai bis Dezember
- 4–8 cm
- eßbar

- **Merkmale**
  Hut in variablen Grau- und Brauntönen, samtig-matt, bald schwammig; Röhren gelblich bis olivgelblich; Stiel zylindrisch, festfleischig, Oberfläche glatt und auf gelbem Grund mit mehr oder minder deutlichen Rottönen; Fleisch mäßig blauend; Geschmack ganz typisch säuerlich

- **Vorkommen**
  auf allen Böden und in allen Wäldern

- **Verbreitung**
  häufigster Röhrling überhaupt

Rotfußröhrling

Xerocomus chrysenteron

Falscher Rotfußröhrling
Xerocomus porosporus

Der typisch säuerliche Geschmack ist ein gutes Unterscheidungsmerkmal zur Ziegenlippe. Denn das große Farb- und Formenspektrum dieser Art macht die Bestimmung nicht immer einfach. Die Hutoberfläche ist je nach Witterung mehr oder weniger felderig aufgerissen, die Farben reichen von hell kartongrau bis zu dunkel kastanienbraun, der oft verbogene Stiel ist auf gelbem Grund mehr oder weniger deutlich rot gefärbt. Der wissenschaftliche Artname weist auf die Farbe des Fleisches hin – chrysenteron bedeutet goldgelbfleischig. Gelegentlich findet man einen Rotfußröhrling ohne Rottöne. Dies ist dann der Falsche Rotfußröhrling *Xerocomus porosporus*.

Blutroter Filzröhrling
Xerocomus rubellus

- **August bis November**
- **4–8 cm**
- **eßbar**

Von manchen Autoren wird diese Art nur als Form oder Varietät des Rotfußröhrlings betrachtet, und es gibt Übergangsformen, die sich nicht eindeutig zuordnen lassen. Charakteristisch ist jedoch der Standort an offenen, teilbesonnten Stellen und Waldwegen. Durch seine leuchtend rote, oft spektakuläre Erscheinung ist er einer der auffälligsten Pilze. Eine Probe des typisch säuerlich schmeckenden Fleisches weist auf die nahe Verwandtschaft zum Rotfußröhrling hin. Ein weiterer auffällig gefärbter Pilz dieser Gattung ist der Bereifte Filzröhrling *Xerocomus pruinatus*. Er kommt unter Fichten manchmal in Massen vor.

Bereifter Filzröhrling
Xerocomus pruinatus

Merkmale
Hut leuchtend karminrot, im Alter verblassend, samtig-matt, vollfleischig; Röhren anfangs weißlich, später olivgelblich, auf Druck blauend; Stiel meist gelblich und rot überhaucht, glatt, zylindrisch oder wenig bauchig, kompakt und fest; Fleisch gelb, mäßig blauend

Vorkommen
unter Laub- und Nadelbäumen an lichten Standorten

Verbreitung
weit verbreitet, aber seltener als Rotfußröhrling

- Juni bis Dezember
- 4–8 cm
- eßbar

- **Merkmale**
  Hut in unterschiedlichen Brauntönen mit Olivstich, trocken, samtig-matt, vollfleischig; Röhren gelblich, nicht blauend; Stiel meist gelblich, aber auch braun überfasert oder minimal rötlich behaucht, glatt, zylindrisch, kompakt und fest; Fleisch gelb, nicht blauend

- **Vorkommen**
  unter Laub- und Nadelbäumen auf allen Böden

- **Verbreitung**
  weit verbreitet, aber normalerweise seltener als der Rotfußröhrling

Ziegenlippe

Xerocomus subtomentosus

Brauner Filzröhrling
Xerocomus spadiceus

Der Name bezieht sich auf die Struktur der Hutoberfläche, die wegen ihrer samtig-weichen Konsistenz und der Farbe an eine Ziegenlippe erinnert. Äußerlich kann die Ziegenlippe dem Rotfußröhrling verblüffend ähnlich sein, doch gibt es einige markante Unterschiede. Sie schmeckt nie säuerlich, das Fleisch blaut nicht, und die Hutoberfläche ist nur selten und nur bei großer Trockenheit etwas rissig. Wie nahezu alle Röhrlinge ist auch die Ziegenlippe ein Mykorrhizapilz und daher nur in der Nähe von Bäumen zu finden. Eine Varietät mit rein braunen Farben stellt der Braune Filzröhrling *Xerocomus spadiceus* dar. Er ist wesentlich seltener, aber ebenfalls eßbar.

Flockenstieliger Hexenröhrling, Schusterpilz

Boletus erythropus

- **Mai bis November**
- **5–20 cm**
- **guter Speisepilz**

Der Name Schusterpilz geht auf die scheinbare Minderwertigkeit gegenüber dem Steinpilz zurück. Tatsächlich ist der Flockenstielige Hexenröhrling dem Steinpilz aber in Geschmack und Konsistenz überlegen. Allerdings wirken die roten Röhrenmündungen und das starke Blauen des Fleisches, das sich beim Kochen verliert, von jeher abschreckend. Es wurde früher mit Teufeln und Dämonen in Verbindung gebracht. Der Pilz kann mit den nachfolgenden Arten (s. Seite 28 und 29) verwechselt werden. Neben der dunkelbraunen Hutfarbe sind jedoch die feinen roten Flöckchen auf dem Stiel und die fehlende Netzzeichnung die besten Kennzeichen.

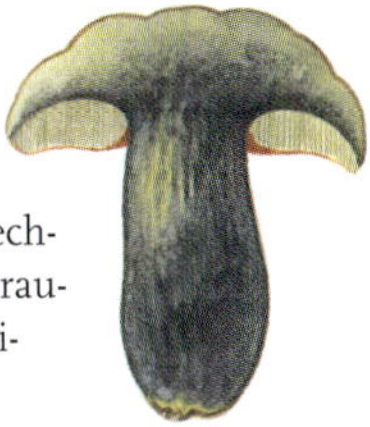

Beim Durchschneiden verfärben sich Fleisch und Röhren stark blau.

Merkmale
Hut matt, tabak- bis dunkel kastanienbraun, kompakt, vollfleischig; Röhren nur ganz jung gelblich, bald mit deutlich roten Mündungen; Stiel gelb, vollfleischig, mit kleinen roten Flöckchen besetzt; beim Anschnitt und auf Druck überall sofort stark blauend

Vorkommen
in Laub- und Nadelwäldern mit sauren oder neutralen Böden, kalkmeidend

Verbreitung
in ganz Mitteleuropa recht häufig

- Juni bis Oktober
- 5–20 cm
- kein Speisepilz

- **Merkmale**
Hut matt, schmutzig olivgelblich bis typisch hell olivbraun, kompakt, vollfleischig; Röhren ganz jung olivgelblich, bald mit deutlich roten Mündungen; Stiel vollfleischig, auf gelbem Grund mit deutlicher Netzzeichnung; Fleisch und Röhren bei Berührung sofort stark blauend

- **Vorkommen**
in neutralen bis kalkhaltigen Wäldern und Parks

- **Verbreitung**
im nordischen Flachland selten, sonst häufig

Netzstieliger Hexenröhrling

Boletus luridus

Über kaum einen Pilz gibt es so unterschiedliche Bewertungen und Erfahrungen bezüglich der Eßbarkeit. Von „hervorragender Speisepilz" über „roh giftig", „mit Alkohol giftig", „giftverdächtig" und „schlicht giftig" ist alles vertreten. Stabile Toxine wurden bisher allerdings nicht nachgewiesen. Die Giftwirkungen sind also eher als individuelle Unverträglichkeiten zu bezeichnen. Der nahe verwandte Glattstielige Hexenröhrling *Boletus queletii* weist weder Flöckchen noch ein Netz am Stiel auf. Er bevorzugt kalkhaltige Böden. Wie die meisten Hexenröhrlinge ist er recht selten geworden und daher schonenswert.

Glattstieliger Hexenröhrling
Boletus queletii

Satansröhrling

Boletus satanas

- Juli bis September
- 8–20 cm
- giftig

Über seine Giftigkeit gibt es stark übertriebene Berichte. Das hängt mit dem totenschädelartigen Aussehen, den blutroten Röhrenmündungen und dem durchdringenden Aasgeruch zusammen. Zeichen, die in früherer Zeit untrennbar mit satanischen Wirkungen in Verbindung standen. Dennoch darf die Giftwirkung als nur schwach bezeichnet werden, da sie lediglich zu Irritationen des Verdauungstraktes führt. Toxine wurden bisher nicht nachgewiesen. Aufgrund seiner Seltenheit sollte der Pilz ohnehin geschont werden. Eine Art, die oft irrtümlich für den Satansröhrling gehalten wird, ist der Schönfußröhrling *Boletus calopus*.

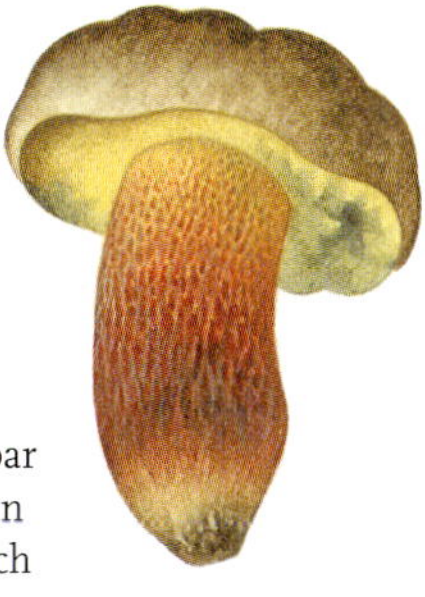

Schönfußröhrling
Boletus calopus

- **Merkmale**
  Hut schmutzig weißlich bis hellgrau-oliv, kompakt, vollfleischig; Röhren von Anfang an mit roten Mündungen, schwach blauend; Stiel vollfleischig, auf gelbem Grund mit auffälliger karminroter Zone in der Mitte; Geruch reifer Fruchtkörper aasartig
- **Vorkommen**
  an sonnenexponierten, kalkhaltigen Hängen mit Laubbaumbestand
- **Verbreitung**
  selten, nur in warmen Sommern gebietsweise häufiger

- Juli bis November
- 10–35 cm
- eßbar

- **Merkmale**
  Hut anfangs paukenschlegelförmig, später ausgebreitet und gebuckelt, auf hell graubeigem Grund grob schollig dunkelbraun beschuppt; Lamellen weiß, bauchig, Stiel braun genattert, Basis knollig, mit derbem, verschiebbarem Ring; Fleisch weiß, nicht rötend; Geschmack angenehm nach Erdnußbutter
- **Vorkommen**
  außerhalb von Wäldern oder an Waldrändern
- **Verbreitung**
  weit verbreitet und häufig

Riesenschirmpilz, Parasol
Macrolepiota procera

Parasol ist spanisch und bedeutet Sonnenschirm. Tatsächlich hat der Pilz eine gewisse Ähnlichkeit mit einigen der Schirmen, die an Spaniens Stränden die Urlauber vor Sonnenbrand schützen sollen. Der Parasol ist der größte heimische Blätterpilz. 50 cm Hutdurchmesser und 35 cm Höhe sind möglich. Damit paßt er im ganzen in keine handelsübliche Pfanne, womit wir beim kulinarischen Teil angelangt wären. Am besten bereitet man den Parasol wie ein Schnitzel zu. Paniert oder einfach in Butter gebraten ist er eine der besten Köstlichkeiten, die die Natur zu bieten hat. Kochen sollte man ihn hingegen nicht.

verschiebbarer Ring

Safranschirmling

Macrolepiota rachodes

- Juli bis November
- 8–15 cm
- eßbar

Diese Art bevölkert in großen Trupps mulchige und humose Stellen im Wald und läßt einen wahren Festschmaus erhoffen. Zwar bietet sie nicht ganz den kulinarischen Genuß des Parasols, brauchbar ist sie aber dennoch. Werden die Merkmale und der Standort beachtet, so ist der Safranschirmling nur schwer zu verwechseln, so daß er getrost als guter Speisepilz gelten darf. Riesenschirmlinge, die auf oder neben Gartenkompost wachsen, eignen sich nicht für die Küche, da hier Unverträglichkeiten bekannt geworden sind. Die Bedeutung des wissenschaftlichen Namens bezieht sich übrigens auf die Huthaut; rachodes bedeutet zerlumpt, zerrissen.

Das Fleisch verfärbt sich im Anschnitt safranorange.

Merkmale
Hut gewölbt und gebuckelt, auf weißlichem Grund mit graubraunen Schuppen, Scheitel einheitlich nußbraun; Lamellen bauchig, weiß, frei; Stiel einheitlich weißlich, nicht genattert, Basis knollig und mit doppeltem, mobilem Ring; Fleisch weiß, im Anschnitt und bei Verletzung safranorange verfärbend

Vorkommen
in der Bodenstreu in Laub- und Nadelwäldern

Verbreitung
weit verbreitet und häufig

- Juni bis November
- 2–4 cm
- kein Speisepilz

- **Merkmale**
Hut kegelig, oft stumpf gebuckelt, dünnfleischig, auf weißlichem Grund mit konzentrisch angeordneten braunen Schüppchen, die zur Mitte hin sehr dicht sind; Lamellen gedrängt, frei, weiß; Stiel weißlich, mit deutlichem, häutigem, aufsteigendem Ring; Geruch recht unangenehm metallisch-stechend

- **Vorkommen**
meist gesellig auf Wiesen, in Parks und im Wald

- **Verbreitung**
in ganz Europa sehr häufig

Stinkschirmling

Lepiota cristata

Sein Erscheinungsbild ist ziemlich vielgestaltig. Es gibt sehr helle Formen mit spärlichen Schüppchen und andere, die durch die noch geschlossene Hutbedeckung zumindest im Scheitelbereich fast dunkelbraun sein können. Selten ist der Stinkschirmling ganz aufgeschirmt und wenn, dann hat er wegen der wenig elastischen Oberhaut meist tief gespaltene Hutränder. Als Speisepilz kommt der gut charakterisierte und kaum verwechselbare Pilz schon wegen seines unangenehmen Geruches und Geschmackes keinesfalls in Frage. Giftig ist er, im Gegensatz zu manchen anderen Schirmlingen, allerdings nicht.

fast weiße Form mit dunkler Hutmitte

Rosa Giftschirmling

Lepiota subincarnata

- Juni bis November
- 2–4 cm
- tödlich giftig

Es gibt mehrere Giftschirmlinge, die sich sehr ähnlich sehen und entweder giftig oder zumindest giftverdächtig sind. Sie lassen sich auch von Fachleuten oft nur schwer unterscheiden. Einige Arten, u. a. auch die hier beschriebenen, enthalten die hochgefährlichen Amanitine (Knollenblätterpilzgifte). Alle kleinen Schirmlinge haben weiße, dichtstehende, freie, den Stiel also nicht berührende Lamellen. Manche besitzen einen Ring, andere lediglich eine unauffällige, flüchtige Ringzone. Die großen, eßbaren Schirmpilze haben zwar auch freie Lamellen, sind aber viel größer und kräftiger und weisen einen derben, verschiebbaren Ring auf.

Rosabrauner Giftschirmling
Lepiota brunneoincarnata

Merkmale
Hut schwach gebuckelt, auf weißlichem Grund mit zahlreichen winzigen rosa Schüppchen; Lamellen bauchig, frei, weiß; Stiel weißlich, gegen die Basis dunkler, mit angedeutetem Ring, unterhalb der Ringzone genattert; Fleisch weiß, in der Stielbasis rosabraun; unangenehmer Geruch

Vorkommen
einzeln oder gesellig auf Wiesen, in Parks und im Wald

Verbreitung
weit verbreitet, aber nicht häufig

- August bis Oktober
- 4–12 cm
- giftig

- **Merkmale**
  Hut dünnfleischig, fleischbräunlich, dicht mit dunkler bräunlichen, sparrig aufgerichteten, kegelwarzigen Schüppchen besetzt; Lamellen auffallend dünn, sehr gedrängt, gelegentlich gegabelt; Stiel wie der Hut gefärbt, mit auffallend großem Ring; Geruch unangenehm leuchtgasartig

- **Vorkommen**
  in verschiedenen Wäldern, dort gerne an mulchigen Stellen

- **Verbreitung**
  weit verbreitet, aber nicht sehr häufig

Spitzschuppiger Stachelschirmling

Echinoderma aspera

Für Einsteiger gehört diese Art zu den einfach zu bestimmenden und auffällig schönen Pilzen. Der anfangs riesige, sich nur zögerlich vom Hutrand lösende Ring, die grobe, abwischbar stachelschuppige Hutoberfläche und die meist imposante Größe charakterisieren diesen Humusbewohner ausgezeichnet. Etwas anders sieht das für die Spezialisten aus. Sie unterscheiden mehrere Arten anhand unterschiedlicher Mikromerkmale. Der widerlich-stechende Geruch findet sich allerdings bei allen, und schon wegen dieser Eigenschaft ist keiner von ihnen eßbar. Alle Stachelschirmlinge sind Streubewohner und Folgezersetzer.

Der große hängende Ring haftet am Anfang noch am Hutrand.

Blutblättriger Zwergschirmling
Melanophyllum haematospermum

- Juni bis November
- 2–4 cm
- kein Speisepilz

Kein anderer Pilz bietet derartige Gegensätze. Von oben betrachtet ist er denkbar unauffällig braun und in seinem Lieblingsumfeld, unaufgeräumt-mulchigen Straßenrändern und humosen Ruderalstellen, kaum auszumachen. Einmal entdeckt und umgedreht überrascht der Anblick der intensiv blutroten Lamellen. Und noch eine weitere Besonderheit zeichnet diesen kleinen Schirmling aus: Er hat grüne Sporen. Legt man ihn mit der Lamellenseite nach unten auf weißes Papier, so läßt sich nach ein paar Stunden ein grünlicher Abdruck bewundern, der sich dann später rotbraun verfärbt. Es gibt im ganzen Pilzreich keine zweite Art mit diesem Merkmal.

mit Velumfetzen behangener Hutrand

Merkmale
Hut düster graubraun, matt, trocken; Hutrand jung von weißen, zackigen Velumfetzen gesäumt; Lamellen anfangs intensiv blutrot, später braunrot, gedrängt, frei; Stiel auf braunrotem Grund ganz mit abwischbarem weißem Reif bedeckt; Geruch unangenehm leuchtgasartig; Geschmack unangenehm

Vorkommen
an humusreichen Wegrändern

Verbreitung
häufig, in kleinen Gruppen, oft übersehen

- Juli bis Oktober
- 5–12 cm
- eßbar

- **Merkmale**
  Hut mausgrau, gelegentlich auch mit braunen Beitönen, kahl, glatt, glänzend, mit auffallend gerieftem Rand; Lamellen weiß, gedrängt, bauchig, frei; Stiel schlank, zylindrisch, weißlich-grau mit weißlichen Flocken, ohne Ring, nicht genattert, Stielbasis mit lappiger, weißlicher Volva

- **Vorkommen**
  bei Laubbäumen auf allen Böden

- **Verbreitung**
  in Europa verbreitet, aber nicht sehr häufig

Grauer Scheidenstreifling

Amanita vaginata

Der Hutrand ist gerieft.

Die Zuordnung eines Pilzes zu den Scheidenstreiflingen ist im allgemeinen unproblematisch. Innerhalb der einzelnen Arten kann das aber anders aussehen, und der Graue Scheidenstreifling ist ein Paradebeispiel dafür. Er hat gleich mehrere Doppelgänger, die von Fachleuten anhand der Mikromerkmale und der ökologischen Ansprüche unterschieden werden. So wächst der Silbergraue Scheidenstreifling *Amanita mairei* z. B. am liebsten unter Pappeln. An dieser Stelle ist das aber eher zweitrangig, da sie alle eßbar sind. Giftige Doppelgänger sind bei Beachtung des gerieften Hutrandes und des unberingten Stieles nicht zu befürchten.

Rotbrauner Scheidenstreifling

Amanita fulva

- **Juli bis Oktober**
- **5–10 cm**
- **eßbar**

Scheidenstreiflinge gehören zur gleichen Gattung wie Knollenblätterpilze und Wulstlinge. Von diesen unterscheiden sie sich hauptsächlich durch den ringlosen Stiel. Insgesamt lassen sie sich anhand ihrer charakteristischen Merkmale, auffällige Volva und deutlich geriefter Hutrand, gut erkennen. Es gibt auch keine Giftpilze unter ihnen. Der Rotbraune (auch Fuchsige) Scheidenstreifling gehört zu den häufigsten Arten und ist regelmäßig bei Birken und Kiefern zu finden. Ganz ähnlich kann der Orangegelbe Scheidenstreifling *Amanita crocea* aussehen. Dieser hat aber einen genatterten Stiel.

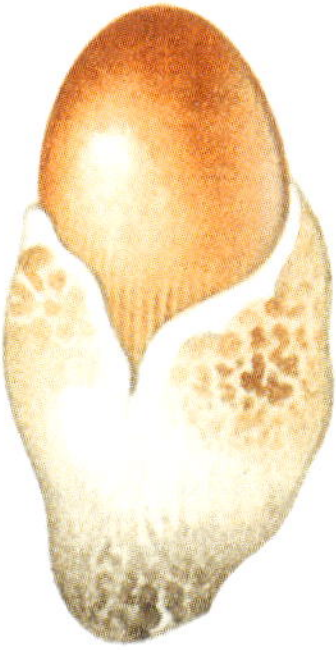

junger, noch eingehüllter Fruchtkörper

- **Merkmale**
  Hut oft leicht gebuckelt, rotbraun, kahl, glatt, glänzend, mit auffallend gerieftem Rand; Lamellen weiß, gedrängt, bauchig, frei; Stiel schlank, zylindrisch, fleischfarben, ohne Ring, nicht genattert, Stielbasis mit lappiger, weißlicher, oft rotbraun gefleckter Volva
- **Vorkommen**
  bei Laubbäumen, gerne auf sauren, moorigen Böden
- **Verbreitung**
  weit verbreitet, aber nicht überall häufig

- Juni bis Oktober
- 6–12 cm
- tödlich giftig

Kegelhütiger Knollenblätterpilz

Amanita virosa

- **Merkmale**
  Hut kegelig, nicht verflachend, glatt und glänzend, rein weiß; Lamellen weiß, frei; Stiel weiß, mit deutlicher, ungeriefter Manschette, meist mit verdickter Basalknolle und weißer Volva; Fleisch weiß; Geruch im Alter widerlich-süßlich, mit einer Rettichkomponente
- **Vorkommen**
  in Nadelwäldern, besonders bei Fichte
- **Verbreitung**
  besonders im Norden und in der Mitte Deutschlands nicht selten

Der Kegelhütige Knollenblätterpilz weist eine andere chemische Zusammensetzung der Toxine als der Grüne Knollenblätterpilz auf. Dennoch gelten bereits ein bis zwei Fruchtkörper für den Menschen als tödliche Dosis. Von den drei tödlich giftigen Knollenblätterpilzen hat dieser das nördlichste Verbreitungsareal, während der Frühlings-Knollenblätterpilz eher ein Pilz des Südens ist. Der Grüne „Knolli" nimmt geographisch die Mitte ein. Von allen Knollenblätterpilzen ist bei der hier beschriebenen Art die Verwechslungsmöglichkeit mit Champignons am ehesten gegeben, doch besitzen Champignons niemals weiße Lamellen.

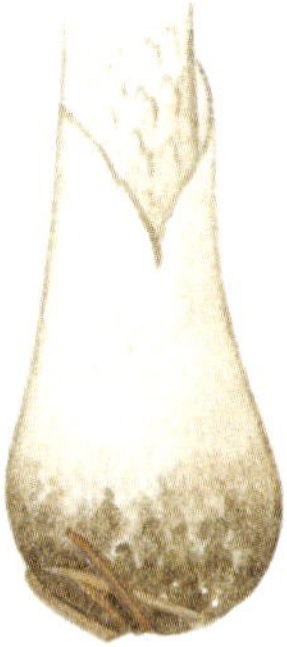

Die Stielbasis ist meist zur Knolle verdickt.

Frühlings-Knollenblätterpilz

Amanita verna

Der Frühlings-Knollenblätterpilz verursacht ähnliche Vergiftungen wie der Grüne Knollenblätterpilz. Über die Häufigkeit von Vergiftungen ist wegen der Seltenheit dieses Pilzes nur wenig bekannt. Der Giftstoffgehalt ist zwar etwas niedriger als bei seinem grünen Bruder, dafür ist die Verwechslungsgefahr mit weißen Speisepilzen aber auch erheblich größer. Champignons haben jedoch von Jugend an stets rosa Lamellen. Ein ganz wichtiges Merkmal sind außerdem die oft im Boden steckenden Stielbasen. Grundsätzlich gilt: Weiße Pilze mit weißen Lamellen sind einer genauesten Prüfung zu unterziehen! Einsteiger sollten sie am besten meiden.

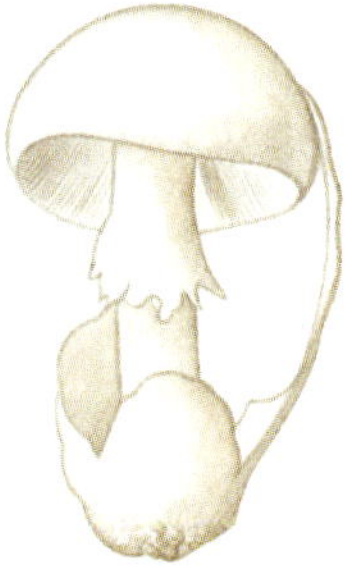

Der Pilz ist am Anfang ganz vom Velum eingehüllt.

- **Mai bis September**
- **4–8 cm**
- **tödlich giftig**

- **Merkmale**
  Hut rein weiß, im Habitus sehr dem Grünen Knollenblätterpilz ähnelnd; Lamellen weiß, frei; Stiel weiß, mit deutlicher, ungeriefter Manschette, ohne auffällig verdickte Basalknolle, aber mit weißer Volva; Geruch unbedeutend
- **Vorkommen**
  in wärmebegünstigten Eßkastanien- und Eichen(misch)wäldern
- **Verbreitung**
  in Deutschland nur in warmen Gegenden, z. B. in der Oberrheinebene oder am Kaiserstuhl

- Juli bis November
- 5–15 cm
- tödlich giftig

- **Merkmale**
  Hut aus der weißen Hülle wie aus einem Ei schlüpfend, ohne Flocken, glatt und glänzend, olivgrün; Lamellen weiß, frei; Stiel weiß, mit deutlicher, ungeriefter Manschette, ohne Basalknolle, aber mit dauerhafter, lappiger, weißer Volva, die oft tief im Boden steckt; Geruch jung nach Honig, alt unangenehm nach Aas

- **Vorkommen**
  in Laubwäldern, besonders bei Eichen

- **Verbreitung**
  verbreitet bis ortshäufig

Grüner Knollenblätterpilz

Amanita phalloides

Diese auffällige und schöne Art ist der gefährlichste Giftpilz überhaupt. Sie wächst meist bei Laubbäumen und zwar ganz besonders gerne bei Eichen, wurde in jüngerer Zeit aber sogar im reinen Fichtenforst gefunden. Bei genauer Beachtung aller Merkmale kann der Pilz eigentlich nicht verwechselt werden. Dies gilt auch dann, wenn die Hutfarbe nicht typisch olivgrün, sondern bräunlichgrün, grüngelblich oder sogar weiß ist. Die Volva kann allerdings tief im Boden stecken. Denkbar sind daher, wenn die Pilze abgeschnitten werden, Verwechslungen mit Grünlingen oder auch grünen Täublingen, die im Sammeleifer ohne eine besondere Einzelinspektion in den Korb wandern.

Stielbasis mit lappiger Volva

Perlpilz

Amanita rubescens

- Mai bis November
- 5–12 cm
- eßbar

Das sicherste Kennzeichen stellt das rötende Fleisch dar. Am besten kann dieses Merkmal in Madengängen an einem durchgeschnittenen Fruchtkörper beobachtet werden. Kein anderer Wulstling zeigt solche Rötungen. Am deutlichsten sind die Rötungen in der Stielbasis festzustellen. Im Laufe der Zeit wird man lernen, die sehr unterschiedlichen Formen mit völlig blassen bis zu dunkel weinroten Hüten zuzuordnen. Der Perlpilz ist ein ausgezeichneter Speisepilz, wenn die Huthaut sorgfältig abgezogen wird. Wegen der Verwechslungsgefahr mit dem Pantherpilz kann er aber nur erfahrenen Pilzkennern als Speisepilz empfohlen werden.

Beim Durchschneiden oder in Madengängen verfärbt sich das Fleisch rot.

Merkmale
Hut fleischfarben, rötlich bis rosabraun, mit vergänglichen Flocken auf der Huthaut; Lamellen gedrängt, frei; Stiel weiß, Ring dauerhaft, längsgerieft, Stielbasis mit allmählich verdickter, nicht gerandeter Basalknolle und ohne Volva; Fleisch weiß, unter der Huthaut fleischrosa, bei Verletzung und in Madengängen rötend

Vorkommen
bei Laub- und Nadelbäumen

Verbreitung
überall häufig

- Juli bis November
- 5–12 cm
- eßbar

- **Merkmale**
  Hut grau bis graubraun, meist mit feinen, vergänglichen, grauweißen bis grauen Flocken; Lamellen gedrängt, weiß, frei; Stiel weiß, Ring dauerhaft, häutig, oberseits längsgerieft; Stielbasis mit allmählich verdickter, nicht gerandeter Basalknolle und ohne Volva; Geruch und Geschmack rettichartig
- **Vorkommen**
  bei Laub- und Nadelbäumen, auf allen Böden
- **Verbreitung**
  überall häufig

Grauer Wulstling

Amanita spissa

Die Verwechslungsmöglichkeit mit dem Pantherpilz ist enorm und hat schon zu zahlreichen Vergiftungen geführt. Das beste Unterscheidungsmerkmal liefert die ungerandete Stielknolle: Der Graue Wulstling trägt kein „Bergsteigersöckchen“. Völlig unzuverlässig ist die Beurteilung der Hutfarben, da häufig grau-braune Mischtöne vorkommen und so keine eindeutige Bestimmung zulassen. Wegen der großen Verwechslungsgefahr kann der Graue Wulstling nur erfahrenen Pilzkennern als (mittelmäßiger) Speisepilz empfohlen werden. Die mögliche Identifikation als Perlpilz wäre hingegen ungefährlich, da dieser auch eßbar ist.

Der durchgeschnittene Pilz zeigt keine Rottöne.

Pantherpilz

Amanita pantherina

Das beste Kennzeichen stellt sein „Bergsteigersöckchen" dar. Die gut ausgeprägte Stielknolle ist deutlich gerandet und umschließt den Stiel mit einem scharf abgesetzten, wulstigen Kragen. Ein weiteres Merkmal, das den Pantherpilz vom Perlpilz bzw. Grauen Wulstling unterscheidet, ist der meist ungeriefte, häutige Ring. Der Pantherpilz löst das gleiche Vergiftungssyndrom wie der Fliegenpilz aus, da er die gleiche wirksame Substanz (Ibotensäure) enthält. Allerdings ist die Konzentration wesentlich stärker. Bei geschwächten Menschen sind Todesfälle zu befürchten und auch schon mehrfach vorgekommen.

Stielknolle mit „Bergsteigersöckchen"

- **Juli bis November**
- **5–10 cm**
- **giftig**

- **Merkmale**
  Hut hell- bis dunkelbraun, meist mit feinen, flockigen, reinweißen Hüllresten auf der Huthaut; Lamellen gedrängt, weiß, frei; Stiel weiß, Ring meist ungerieft, Stielbasis mit deutlicher, stulpenartig gerandeter Basalknolle und ohne Volva; Fleisch weiß, niemals rötend; Geruch rettichartig

- **Vorkommen**
  bei Laub- und Nadelbäumen

- **Verbreitung**
  überall verbreitet, aber nicht sehr häufig

- Juni bis November
- 5–10 cm
- giftig

- **Merkmale**
  Hut narzissengelb, gelegentlich recht blaß, meist mit flockigen Hüllresten auf der Huthaut; Lamellen gedrängt, weiß, frei; Stiel weiß, Ring zart und vergänglich, mit deutlicher, keulig verdickter, stulpenartig gerandeter Basalknolle und ohne Volva
- **Vorkommen**
  vorwiegend in Nadelwäldern, gerne auf sauren, sandigen Böden
- **Verbreitung**
  in den Nadelwäldern Mitteleuropas verbreitet, aber nicht häufig

Narzissengelber Wulstling

Amanita gemmata

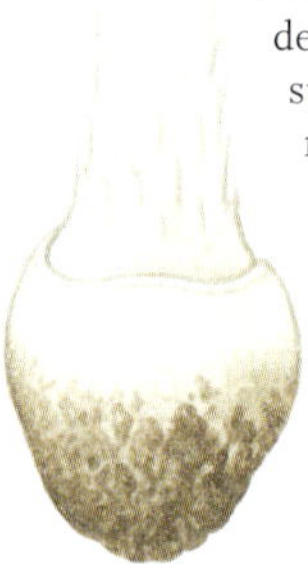

gerandete Stielknolle

Die Ausbildung der Basalknolle ist der des Pantherpilzes am ähnlichsten, von den Hutfarben her könnte man manche Formen für den Gelben Knollenblätterpilz *Amanita citrina* halten. Sein Vorkommen unter Nadelbäumen und seine reingelbe, niemals grüne oder braune Färbung kennzeichnen ihn jedoch auch dann noch sehr gut, wenn die Hüllreste auf dem Hut abgewaschen sind. Er enthält keines der gefürchteten Knollenblätterpilzgifte. Dennoch wird von zahlreichen Vergiftungen berichtet, die allesamt Irritationen des Magen-Darm-Traktes betreffen und z. T. heftige Brechdurchfälle auslösen. Wie alle Wulstlinge benötigt auch er einen Baum als Symbiosepartner.

Gelber Knollenblätterpilz

Amanita citrina

- Juni bis November
- 5–12 cm
- kein Speisepilz

Sein auffälligstes Merkmal ist die große, gerandete Knolle ohne Hüllreste. Dadurch unterscheidet er sich auch dann noch vom Grünen Knollenblätterpilz, wenn die groben Flocken auf dem Hut abgewaschen sind. Er enthält keines der gefürchteten Knollenblätterpilzgifte. Als einziger toxischer Inhaltsstoff wurde das Krötengift Bufotenin isoliert, das jedoch kaum jemals eine Vergiftung auslösen dürfte. Tests „todesmutiger" Probanden hatten keinerlei Vergiftungen zur Folge. Wie bei allen Knollenblätterpilzen, Streiflingen und Wulstlingen ist die Huthaut auch bei dieser Art tortenstückförmig bis zur Mitte abziehbar.

große abgesetzte Knolle ohne Volva

Merkmale
Hut zitronengelb oder grünlichgelb bis weiß, meist mit derben, inselförmigen Hüllresten auf der Huthaut; Lamellen gedrängt, weiß, frei; Stiel weiß, mit deutlicher, stark verdickter, gerandeter Basalknolle und ohne Volva; Geruch dumpf nach Kartoffelkeller

Vorkommen
in Laub- und Nadelwäldern, gerne auf sauren, sandigen Böden

Verbreitung
in ganz Mitteleuropa verbreitet und häufig

- **Juli bis November**
- **6–15 cm**
- **giftig**

- **Merkmale**
  Hut leuchtend rot bis orange, meist mit weißlichen Flocken; Lamellen gedrängt, weiß, frei; Stiel weiß, Ring deutlich und häutig, mit abrupt keulig verdickter Basalknolle, die am oberen Rand mit flockigen Warzengürteln besetzt ist; Fleisch weiß, unter der Huthaut gelborange

- **Vorkommen**
  in Nadel- und Laubwäldern, gerne auf sandigen Böden

- **Verbreitung**
  auf der ganzen Nordhalbkugel sehr häufig

Fliegenpilz

Amanita muscaria

Der Fliegenpilz läßt sich kaum verwechseln und eigentlich jeder kennt ihn. Er ist nicht so giftig, wie allgemein angenommen wird. Das hauptsächlich wirksame Toxin ist die Ibotensäure, die eine Art Rauschzustand verursacht, oft begleitet von Brechdurchfall. Ganz junge, von der weißen Hülle umschlossene Exemplare könnten für Stäublinge gehalten werden. Im Schnitt sieht man aber die Fruchtkörperanlage und eine scharfe rote Linie am Scheitel, die spätere Huthaut. Die Flocken auf der Oberfläche können vom Regen völlig abgewaschen sein, und mancher Sammler hat den giftigen Fliegenpilz dann schon für den eßbaren Kaiserling *Amanita caesarea* gehalten.

mit Warzen besetzte Knolle

Rehbrauner Dachpilz

Pluteus cervinus

- Mai bis November
- 4–12 cm
- eßbar

Er ist einer der wenigen Lamellenpilze, die auch in Phasen größerer Trockenheit zu finden sind. Das liegt daran, daß das Holz, auf dem seine Fruchtkörper erscheinen, selbst im Hochsommer noch genügend Restfeuchte aufweist. Da weit und breit kein Giftpilz den Genuß dieses Speisepilzes trübt, kann man sich getrost der Ernte widmen. Dabei wird man allerdings meist feststellen, daß die Zwischenräume der Lamellen von Springschwänzen bewohnt sind, die die feucht-warme Dickung sehr zu schätzen wissen. Vom kulinarischen Standpunkt aus betrachtet lohnt es sich nicht, die armen Tiere obdachlos zu machen.

Am durchgeschnittenen Pilz erkennt man das weiße Fleisch und die rosa Lamellen.

- **Merkmale**
  Hut flach kegelig (dachartig), oft etwas runzelig, hell bis dunkel graubraun, Oberfläche kahl und glänzend, Rand nicht gerieft; Lamellen dicht stehend, dünn, breit, anfangs weiß, später rosa, frei; Stiel graubräunlich berindet, voll, aber zerbrechlich, zylindrisch, gleich dick; Geruch und Geschmack rettichartig
- **Vorkommen**
  auf morschem Laubholz
- **Verbreitung**
  der häufigste Dachpilz überhaupt in Europa

- **Juli bis Oktober**
- **3–6 cm**
- **kein Speisepilz**

- **Merkmale**
  Hut flach gewölbt, mäßig fleischig, manchmal runzelig, leuchtend gelb, kahl und samtig-matt, Rand nicht gerieft; Lamellen dünn, breit, anfangs weiß, später rosa, frei; Stiel weißlich bis gelblich, längsfaserig, zerbrechlich, alt hohl; Geruch etwas rettichartig

- **Vorkommen**
  meist einzeln auf morschem Laub- und Nadelholz

- **Verbreitung**
  im Südwesten Deutschlands häufiger, sonst zerstreut

Löwengelber Dachpilz

Pluteus leoninus

gelber Hut, weißes Fleisch, rosa Lamellen

Durch seine auffälligen Farben, leuchtend gelber Hut und rosa Lamellen, ist er eindeutig gekennzeichnet und kaum zu verwechseln. Das bleibt aber eine Ausnahme bei den Dachpilzen, da diese Gattung den Mykologen so manche Nuß zu knacken gibt. Normalerweise sind Dachpilze Einzelgänger und größere Gruppen an einem Stubben oder einem liegenden Stamm eher eine Seltenheit. Eine Ausnahme stellen Holzabfälle dar. So birgt Holzmulch oft wahre Unmengen an gesellig wachsenden Dachpilzen. Im Zuge der Ausbreitung dieses speziellen Substrates wird sicher auch der Löwengelbe Dachpilz noch von sich reden machen.

Riesenchampignon

Agaricus augustus

- Juli bis Oktober
- 10–30 cm
- eßbar

Die Hutfarbe dieser riesigen Art (augustus bedeutet majestätisch) hängt von der Dichte der Hutschüppchen ab. Eine geschlossene Beschuppung, wie sie besonders in der Hutmitte vorherrscht, bewirkt eine schokoladenbraune Färbung, während eine schüttere Hutbedeckung den Pilz heller aussehen läßt. Insgesamt kann die Hutfarbe von dunkelbraun bis hellbeige reichen. Es gibt noch einige kleinere braune Egerlinge, meist mit rötendem Fleisch, die durchweg eßbar sind. Bei Beachtung der elementaren Merkmale aller Champignons, besonders der jung rosa, später braunschwarzen Lamellen, sind keine giftigen Doppelgänger zu befürchten.

der verwandte
Kleine Waldchampignon
Agaricus silvaticus

Merkmale
Hut fleischig, mit anliegenden dunkelbraunen Schüppchen auf hellem Grund; Lamellen gedrängt, anfangs rosa, bald dunkelbraun; Stiel kürzer als der Hut breit, auf weißlichem Grund bräunlich beschuppt, mit großem, dauerhaftem, hängendem Ring; Geruch und Geschmack nach Anis

Vorkommen
innerhalb und außerhalb von Wäldern in verschiedenen Biotopen

Verbreitung
im Süden häufiger als im Norden

- Juli bis Oktober
- 5–15 cm
- eßbar

- **Merkmale**
  Hut fleischig, weiß, bei Berührung oder Verletzung gilbend, glatt, matt; Lamellen anfangs rosa, bald braun und schließlich schwarz, gedrängt, frei; Stiel zylindrisch, weiß, gilbend, mit abgesetzter, dicker Stielknolle und dünnem, hängendem Ring; Geruch und Geschmack angenehm anisartig
- **Vorkommen**
  in Laub- und Nadelwäldern in der Bodenstreu
- **Verbreitung**
  im Norden seltener, sonst sehr häufig

Knolliger Anisegerling

Agaricus essettei

Dieser stattliche Pilz ist der häufigste der nach Anis duftenden Egerlinge. Sie alle haben die Fähigkeit, Cadmium anzureichern. Da dieses Schwermetall im Körper nur schwer abbaubar ist, wird der Verzehr des ansonsten ausgezeichneten Speisepilzes nur in kleineren Mengen von maximal 250 g pro Woche empfohlen. Darüber hinaus wird vor dem sehr ähnlich aussehenden, leicht giftigen und Verdauungsstörungen erzeugenden Karbolegerling *Agaricus xanthodermus* gewarnt. Dieser zeigt jedoch bei Anschnitt oder Verletzung der äußersten Stielbasis eine intensive, chromgelbe Verfärbung und riecht außerdem unangenehm nach Tinte bzw. Karbol. Eine mögliche Vergiftung hätte allerdings kaum schwerwiegende Folgen.

Karbolegerling
Agaricus xanthodermus

Wiesenchampignon, Feldegerling

Agaricus campestris

- Juli bis Oktober
- 5–15 cm
- eßbar

Nach ergiebigen Regenfällen ist der Wiesenchampignon in manchen Jahren auf Viehweiden ein ausgesprochener Massenpilz. Er erfreut sich großer Beliebtheit, nicht nur wegen seines Wohlgeschmacks, sondern auch weil er gut kenntlich ist und an seinem Standort keine giftigen Doppelgänger hat. Der in den Gemüsetheken angebotene Zuchtchampignon ist mit dem Wiesenchampignon trotz des ganz ähnlichen Aussehens nicht identisch. Es handelt sich dabei um die weiße Form des Zweisporigen Egerlings *Agaricus bisporus*. Dieser wächst nicht auf Wiesen, sondern auf Kompost.

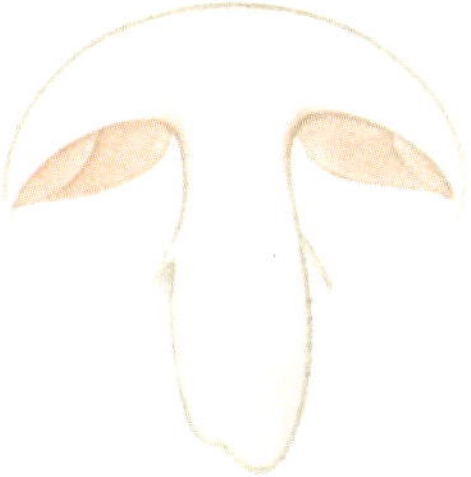

Die Lamellen sind am Anfang noch rosa.

Merkmale
Hut fleischig, weiß, weder gilbend noch rötend, glatt, matt; Lamellen anfangs rosa, bald braun und schließlich schwarz, gedrängt, frei; Stiel voll, später enghohl, zylindrisch oder mit zugespitzter Basis, weiß, meist kürzer als der Hut breit; Ring hängend, aber sehr dünn und vergänglich

Vorkommen
auf gedüngten Wiesen und Viehweiden

Verbreitung
weit verbreitet und sehr häufig

- Juli bis Oktober
- 4–10 cm
- eßbar

Rosablättriger Egerlingsschirmpilz

Leucoagaricus leucothites

- **Merkmale**
  Hut fleischig, bleibend weiß, glatt, matt; Lamellen lange weiß, im Alter zart rosa, gedrängt, frei; Stiel voll, später enghohl, zylindrisch oder mit etwas keulig verdickter Basis, weiß, brüchig, Ring häutig und nach oben abziehbar; Geruch pilzartig aromatisch
- **Vorkommen**
  in Gärten, Parkanlagen, Straßeninseln, Beeten und Wiesen etc.
- **Verbreitung**
  weit verbreitet und sehr häufig

im Alter zartrosa Lamellen

Viele Pilzsammler haben sich schon über diesen auffälligen „Champignon mit weißen Lamellen" gewundert. Zu Speisezwecken ist er nicht zu empfehlen, obwohl er offenbar nicht giftig ist. Seine bevorzugten Standorte, hochbelastete Straßeninseln und hundekotgesättigte Rasenflächen, lassen ihn trotz seines appetitlichen Aussehens kulinarisch nicht sehr attraktiv erscheinen. Dazu kann man die Verwechslungsgefahr mit weißen Knollenblätterpilzen nicht von der Hand weisen. Die nackte Stielbasis ist ein gutes Unterscheidungsmerkmal. Sein namensgebendes Merkmal, die zartrosa Lamellenfarbe, entwickelt sich allerdings erst sehr spät beim erwachsenen Pilz.

Krönchenträuschling

Stropharia coronilla

- **Juni bis Oktober**
- **2–6 cm**
- **eßbar**

Seinen Namen hat dieser hübsche Pilz vom anliegenden, oberseits gerieften Ring, der an ein Krönchen erinnert. Oft ist dieser Ring durch die herabfallenden Sporen violettschwarz gefärbt. Allerdings vergeht er auch leicht, so daß einzelne, ältere Fruchtkörper mit verschiedenen anderen Arten verwechselt werden können. So sieht z.B. der an den gleichen Standorten vorkommende, ebenso häufige Halbkugelige Ackerling *Agrocybe semiorbicularis* manchmal recht ähnlich aus. Er hat jedoch braune Lamellen. Der Genußwert aller Träuschlinge ist nur durchschnittlich. Sie stellen keine Delikatessen dar, sind aber auch nicht giftig.

Der geriefte Ring erinnert an ein Krönchen.

- **Merkmale**
  Hut gewölbt, ziemlich fleischig, glatt, trocken, honiggelb bis blaß ocker; Lamellen anfangs blaß violett, später violettbraun mit weißen Schneiden, ausgebuchtet und strichförmig herablaufend; Stiel weißlich, glatt, mit häutigem Ring; Geruch nach frischem Gras; Geschmack mild
- **Vorkommen**
  auf Rasen und Äckern, an Wegrändern, auf nährstoffreichen Böden
- **Verbreitung**
  in Europa nicht selten

- September bis November
- 3–7 cm
- eßbar

- **Merkmale**
  Hut flach gebuckelt, mäßig fleischig, schleimig, intensiv blaugrün, später grüngelblich ausblassend; Lamellen anfangs blaß graubräunlich, später violettbraun mit weißen Schneiden, ausgebuchtet; Stiel weißlich, mit häutigem Ring und unterhalb schuppig; Geruch nach frischem Gras; Geschmack mild

- **Vorkommen**
  an oder bei Holzresten in Wäldern

- **Verbreitung**
  in Mitteleuropa nirgends fehlend

Grünspanträuschling

Stropharia aeruginosa

Stiel mit Ring und Schuppen

Zumindest jung ist dieser Pilz ausgesprochen auffällig, da die intensiv spangrüne Farbe ansonsten in der Natur sehr selten auftritt. Hinzu kommt als gutes Merkmal die Huthaut mit ihrer dicken Schleimschicht, in der kleine weiße Schüppchen schwimmen und manchmal als zackige Flocken den Hutrand säumen. Die Huthaut muß unbedingt abgezogen werden, wenn man den mittelmäßigen Speisepilz essen möchte. Trotz der guten Kennzeichen ist der Grünspanträuschling durchaus mit dem ebenso häufigen Blauen Träuschling zu verwechseln, der aber keinen Ring und viel weniger Schüppchen am Stiel aufweist.

Heudüngerling

Panaeolus foenisecii

Besonders nach Regenfällen ist dieser kleine braune Pilz auf Rasenflächen allgegenwärtig, auch wenn man schon genauer hinsehen muß, um ihn zu entdecken. Er erscheint stets ein paar Tage nach dem Mähen. Ebenso typisch ist seine zweifarbige Huthaut mit einer rotbraunen bzw. schokoladenbraunen Hutmitte und einer im Verlauf des Austrocknens größer werdenden beigefarbenen Randzone. Über die Intensität seiner Giftwirkung gehen die Ansichten auseinander, gefährlich ist er aber sicher nicht. Allerdings wird ihm eine schwach bis höchstens mäßig halluzinogene Wirkung bescheinigt. Gefährdet sind insbesondere spielende Kinder.

entwässerter, falb entfärbter Pilz

- Juni bis Oktober
- 2–5 cm
- giftig

- **Merkmale**
  Hut glockig oder konvex, tabakbraun und rasch zu beige ausblassend, dünnfleischig, glatt; Lamellen jung beige, reif schwarzbraun, gefleckt, fast entfernt, wenig ausgebuchtet, Schneiden weiß; Stiel zylindrisch, schlank, fein bereift, beige, hohl; Geruch und Geschmack angenehm würzig

- **Vorkommen**
  auf Rasen und frisch gemähten Wiesen

- **Verbreitung**
  in Europa häufig und nirgends fehlend

- April bis November
- 2–10 cm
- giftig

- **Merkmale**
  Hut glockig-fingerhutförmig, graubraun bis grauschwarz, glatt und glänzend; Hutrand zumindest jung von zackigen weißen Velumresten gesäumt; Lamellen düster grauschwarz, oft gefleckt, tief ausgebuchtet; Stiel lang und dünn, graubraun, steif, auffallend weiß bereift, ohne Ring

- **Vorkommen**
  auf gedüngten Stellen und direkt auf Mist

- **Verbreitung**
  besonders in ländlichen Gegenden sehr häufig

Behangener Düngerling

Panaeolus papilionaceus

Der Behangene Düngerling fehlt auf keinem Misthaufen, und in fetten Weiden besiedelt er hoch aufragend die Kuhfladen. Er läßt sich gut an seinem auffällig weiß gezackten Rand erkennen. Allerdings sind längst nicht alle Fruchtkörper so typisch ausgebildet; mal sind die weißen Zacken verschwunden, mal kommt er kurzbeinig und dunkelbraun daher. In diesem Fall sollte man das Feld den Spezialisten überlassen, da nicht alle Pilze problemlos einzuordnen sind. Die Giftigkeit des Behangenen Düngerlings beschränkt sich auf eine mäßige halluzinogene Wirkung. Abgesehen davon lädt aber auch sein Standort kaum zu einem Festtagsschmaus ein.

Hut mit gezacktem Rand

Behangener Faserling

Psathyrella candolleana

- Juni bis Oktober
- 3–12 cm
- eßbar

Einsteiger haben oft Mühe mit der Bestimmung dieses Faserlings, da sich die Hutfarben junger, feuchter Fruchtkörper völlig von denen entwässerter Pilze unterscheiden. Auch das Vorkommen auf Holz ist nicht immer eindeutig ersichtlich, wächst er doch oft auf vergrabenen Holzresten und daher scheinbar direkt auf der Erde. Ein gutes Kennzeichen dieses dünnfleischigen, sehr gebrechlich-mürben Faserlings stellen die üppigen Velumreste dar, die besonders den Hutrand junger Fruchtkörper zackig umsäumen. Manchmal ist er ein ausgesprochener Massenpilz, der schon im Frühjahr und im Sommer ganze Areale rasig, teilweise auch büschelig wachsend bedeckt.

Beim Austrocknen wird der Pilz fast weiß.

- **Merkmale**
  Hut flach kegelig, dünnfleischig und gebrechlich, ockergelb und zu fast weiß austrocknend, glatt; Hutrand anfangs von reichlichen weißen Velumresten behangen; Lamellen jung weiß, bald dunkel violettbraun, schmal angewachsen; Stiel weiß, hohl, gebrechlich; Geruch etwas stechend; Geschmack pilzartig-würzig
- **Vorkommen**
  an Laubholzresten in vielen Biotopen
- **Verbreitung**
  überall sehr häufig

- April bis Mai
- 2–8 cm
- eßbar

- **Merkmale**
  Hut flach kegelig, dünnfleischig, gebrechlich, ocker-, nuß- oder graubraun und zu glimmerig-falb austrocknend, glatt; Hutrand im feuchten Zustand durchscheinend gerieft; Lamellen jung cremebeige, bald dunkel purpurbraun, schmal, ausgebuchtet; Stiel weiß, hohl, gebrechlich
- **Vorkommen**
  in- und außerhalb von Wäldern
- **Verbreitung**
  in der gemäßigten Zone ein häufiger Frühjahrspilz

Schmalblättriger Faserling

Psathyrella spadiceogrisea

dunkle Lamellen, helles Fleisch

Einer der ersten Frühlingsboten kommt in einem ziemlich variablen Gewand daher, von hellgrau bis dunkelbraun und von schmächtig bis kräftig. Charakteristisch ist seine Erscheinungszeit zusammen mit Morcheln, Maipilzen und Schildrötlingen, mit denen er sich oft den Standort teilt. Nicht selten findet man ihn auch an offenen, gedüngten Stellen, wo er ziemlich große Fruchtkörper ausbilden kann. Der Frühe Mürbling, so ein sehr treffender Volksname, ist durch sein Vorkommen im April/Mai gut festgelegt. Vom zuvor beschriebenen Behangenen Faserling unterscheidet er sich durch den nackten Hutrand.

Tränender Saumpilz

Lacrymaria lacrymabunda

- **Juni bis Oktober**
- **3–12 cm**
- **eßbar**

Der Tränende Saumpilz wird mancherorts auch Friedhofspilz genannt, da er dort recht häufig auftritt. In dichten Pulks stehen die kompakt wirkenden, aber überraschend leichten Fruchtkörper im Gras und sind kaum zu verwechseln. Die besten Kennzeichen stellen die im Jugendzustand stark tränenden, scheckig-schwarzen Lamellen und der anfangs faserig-behangene Hutrand dar. Formen mit lebhaft orangebraunem Hut werden gelegentlich als Feuerfarbener Saumpilz *Lacrymaria pyrotricha* getrennt behandelt. Sie sind ebenfalls eßbar, aber nur von mittelmäßigem Speisewert.

Feuerfarbener Saumpilz
Lacrymaria pyrotricha

- **Merkmale**
  Hut filzig-faserig, trocken, matt, orange- bis schokoladenbraun; Lamellen bald schwarzbraun werdend, scheckig, tränend, gedrängt, breit angewachsen; Stiel filzig-faserig, mit angedeuteter Ringzone, hohl, gebrechlich, etwas heller als der Hut; Geruch und Geschmack aromatisch-würzig
- **Vorkommen**
  auf nährstoffreichen Rasen und an Wegrändern
- **Verbreitung**
  von Skandinavien bis Sizilien häufig

- September bis Dezember
- 2–5 cm
- eßbar

- **Merkmale**
  Hut flach gewölbt, mäßig fleischig, warm gelblich, Mitte oft honigfarben, glatt; Lamellen anfangs zart rauchgrau, bei der Sporenreife violettschwarz, breit angewachsen; Stiel hellgelb, Basis bräunlich, ringlos, glatt; büschelig wachsend; Geschmack mild und nußartig
- **Vorkommen**
  auf morschem Fichten- oder Kiefernholz
- **Verbreitung**
  in allen Nadelholzbeständen im Spätherbst sehr häufig

Rauchblättriger Schwefelkopf

Hypholoma capnoides

Er ist der einzige eßbare Pilz unter den Schwefelköpfen und schmeckt so fein nussig, daß es lohnt, sich die genauen Unterscheidungsmerkmale zum leicht giftigen Grünblättrigen Schwefelkopf einzuprägen. Das wichtigste Kennzeichen sind die bei jungen, unreifen Fruchtkörpern deutlich rauch- oder silbergrauen Lamellen, die niemals Gelb- oder Grüntöne zeigen. Schwefelköpfe wachsen stets büschelig, und in einem Büschel finden sich auch fast immer ein paar unreife Fruchtkörper, an denen sich die Farbe junger Lamellen feststellen läßt. Auch die Hüte weisen niemals die geringsten Grüntöne auf, sondern sind stets honiggelb gefärbt.

silbergraue Lamellen ohne Grüntöne

Grünblättriger Schwefelkopf

Hypholoma fasciculare

- Mai bis November
- 2–6 cm
- giftig

Im Spätherbst hat man in Kiefern- oder Fichtenwäldern reichlich Gelegenheit, die Merkmale des Grünblättrigen im Vergleich zum Rauchblättrigen Schwefelkopf zu studieren. Die beste Zeit dazu ist der Oktober, da sich dann die Erscheinungszeit beider Arten überschneidet. Der Grünblättrige Schwefelkopf kommt wesentlich häufiger vor, schon deshalb, weil er bei der Auswahl seiner Substrathölzer nicht wählerisch ist. Sollte man sich wirklich einmal vertun, sind dennoch keine schwerwiegenden Vergiftungen zu befürchten. Der bittere Pilz ist nur leicht giftig und löst lediglich Erbrechen und Durchfall aus. Todesfälle dürften nicht vorkommen.

Lamellen mit Grüntönen

Merkmale
Hut mäßig fleischig, grüngelblich oder blaß schwefelgelb, glatt; Lamellen anfangs grüngelblich, später violettschwarz, breit angewachsen; Stiel weißgelb oder blaß gelbgrün, Basis bräunlich; oft mit Velumfasern, die gelegentlich eine Ringzone bilden; Geschmack bitter

Vorkommen
büschelig auf morschem Laub- und Nadelholz

Verbreitung
eine der häufigsten und gemeinsten Pilzarten überhaupt

- Mai bis November
- 3–10 cm
- giftig

- **Merkmale**
Hut relativ fleischig, lebhaft ziegelrot mit blasserem, oft gelblichem Rand; Hutoberfläche von den Resten eines reichlichen Velums faserig oder flockig; Lamellen anfangs grüngelblich, später violettschwarz, breit angewachsen; Stiel gelblich, flockig oder faserig, Basis zunehmend bräunlich; Geschmack bitter

- **Vorkommen**
büschelig auf morschem Laubholz

- **Verbreitung**
überall sehr häufig

Ziegelroter Schwefelkopf

Hypholoma sublateritium

Er ist der größte der büschelig wachsenden Schwefelköpfe und gleichzeitig der, der am leichtesten zu bestimmen ist. Seine lebhafte Farbgebung und das üppige Velum kennzeichnen ihn gut und machen Verwechslungen mit dem eßbaren Rauchblättrigen Schwefelkopf ebenso unwahrscheinlich wie mit anderen büschelig wachsenden Pilzen. Sehr ähnlich kann hingegen der leicht giftige Wurzelnde Schwefelkopf *Hypholoma radicosum* aussehen. Diese Art hat jedoch einen lang wurzelnden Stiel und wächst an Nadelholz. Die Genußwertangabe „bedingt eßbar nach Abkochen“ in älteren Pilzbüchern ist ein Relikt aus Hungerzeiten.

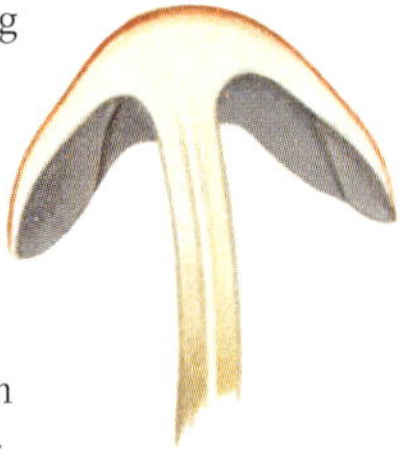

rote Hutoberfläche, gelbes Fleisch und bräunliche Stielbasis

Hasenpfote

Coprinus lagopus

- **Mai bis November**
- **4–10 cm**
- **kein Speisepilz**

Das wollig-faserige Velum, das junge Fruchtkörper dick flaumig umhüllt, gab diesem Tintling den treffenden Namen. Dieses gute Merkmal bleibt jedoch leider nicht lange erhalten, und schon halb erwachsene Fruchtkörper können völlig kahl sein, so daß dann der dicht und fein geriefte Hutrand zu erkennen ist. Zudem zerfließt dieser Tintling äußerst rasch, und schon nach kaum zwei Tagen ist nichts mehr übrig als ein Stiel und ein kümmerlicher, häutiger Hutrest mit nach oben umgerolltem schwarzem Rand. Die ähnliche, aber kleinere Rundsporige Hasenpfote *Coprinus lagopides* wächst auf alten Feuerstellen.

reifer Pilz

Merkmale
Hut glockig, mausgrau, rasch zerfließend, sehr dünnfleischig, anfangs dicht mit flaumigen, abstehenden, weißen Faserbüscheln besetzt, bald verkahlend; Lamellen dicht stehend, breit, erst hellgrau, später schwarz; Stiel weiß, schlank zylindrisch, hohl, befasert, zerbrechlich, ohne Ring

Vorkommen
auf Holzmulch und im Humus, auch außerhalb von Wäldern

Verbreitung
zerstreut oder ortshäufig

- Mai bis Oktober
- 1–1,5 cm
- kein Speisepilz

- **Merkmale**
  Hut zuerst glockig, dann flach kegelig, radial gefaltet, erst ockergelblich, dann silbergrau, häutig, trocken, kahl; Lamellen entfernt, zunächst beige, später schwarz; Stiel glasig-weiß, zylindrisch, hohl, sehr zerbrechlich, ohne Ring, fein bereift; wie gesät in riesigen Pulks wachsend

- **Vorkommen**
  an oder in der Nähe von totem Laubholz

- **Verbreitung**
  in Mitteleuropa überall häufig

Gesäter Tintling

Coprinus disseminatus

Trotz seiner Kleinheit bietet der Gesäte Tintling ein auffälliges Bild. Hunderte oder tausende stets kegelig oder auch glockig bleibende Fruchtkörper bedecken manchmal quadratmetergroße Areale mit einer fragilen, rasch vergänglichen Pracht. Eigentlich ist diese Art ein Holzbewohner, sie erscheint aber auch auf der umgebenden Erde oder auf vergrabenen Holzresten. Im Gegensatz zu vielen anderen Tintlingen zerfließt dieser bei der Sporenreife nicht. In Wäldern gibt es eine auf den ersten Blick ganz ähnlich wirkende Art, den Zwergfaserling *Psathyrella pygmaea*. Dieser hat aber niemals einen radial gefurchten Hut und schirmt im Gegensatz zum Gesäten Tintling vollständig auf.

Zwergfaserling
Psathyrella pygmaea

Glimmertintling

Coprinus micaceus

- **Mai bis November**
- **1–3 cm**
- **kein Speisepilz**

In vielen Pilzbüchern kann man nachlesen, daß der überaus häufige Glimmertintling zusammen mit Alkohol giftig ist. Allerdings wurde entgegen zahlreicher Literaturangaben bislang kein Coprin gefunden. Eigene einschlägige Versuche hatten keinerlei Giftwirkungen zur Folge. Mehr noch, in einer Zeit, in der es nicht allzu viele Speisepilze gibt, könnte der oft massenhaft auftretende Glimmertintling eine willkommene und durchaus wohlschmeckende Abwechslung bieten. Vorsichtigerweise sollte er jedoch nicht als Speisepilz betrachtet werden. Zudem gibt es eine Reihe weiterer Arten dieser Gattung, die aber kleiner sind oder keine glimmerige Hutbereifung aufweisen.

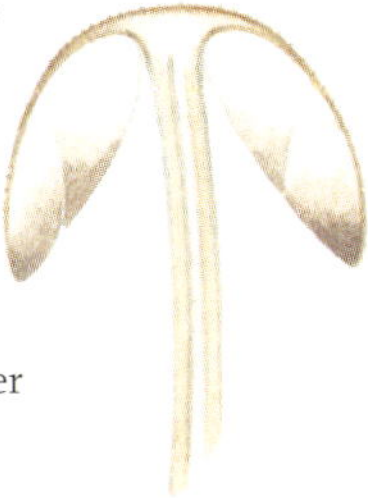

durchgeschnittener Pilz

Merkmale
Hut eichelförmig-glockig, radial gefaltet, ockerbräunlich, sehr dünnfleischig, trocken, auffallend glimmerig bereift; Lamellen mäßig dicht stehend, breit, zunächst beige, später schwarz und zerfließend; Stiel weiß, hohl, zerbrech lich, ohne Ring; büschelig in riesigen Pulks wachsend

Vorkommen
in großen Büscheln an morschem Laubholz

Verbreitung
in Mitteleuropa ausgesprochen häufig und nirgendwo fehlend

- Mai bis November
- 4–10 cm
- giftig mit Alkohol

- **Merkmale**
Hut glockig-kegelig, radialrunzelig, mausgrau, zerfließend, sehr dünnfleischig, trocken, kahl; Lamellen extrem dicht stehend, breit, erst hellgrau, später schwarz, Schneiden weiß; Stiel weiß, schlank, hohl, glatt und glänzend, zerbrechlich, ohne Ring, Basis etwas verdickt

- **Vorkommen**
in- und außerhalb von Wäldern, in allen Biotopen

- **Verbreitung**
in ganz Europa ausgesprochen häufig

Faltentintling

Coprinus atramentarius

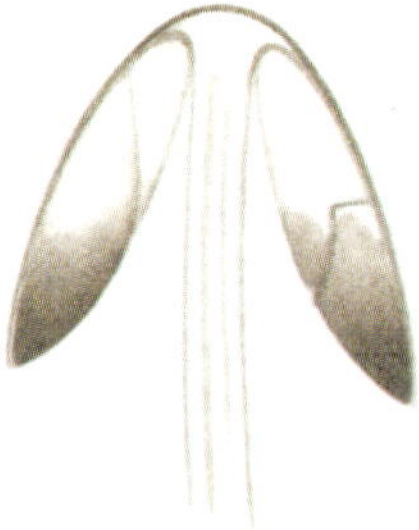

hohler Stiel, kein Fleisch

Der ganze Hut des recht kompakt wirkenden, büschelig wachsenden Pilzes besteht eigentlich nur aus Lamellen und Huthaut, was besonders im Längsschnitt durch einen Fruchtkörper deutlich wird. Er ist in Verbindung mit Alkohol giftig, wenn auch kaum lebensbedrohend. Der für die Giftwirkung verantwortliche Inhaltsstoff Coprin verhindert den Alkoholabbau in der Leber. Die Vergiftung äußert sich in einer intensiven Rötung der Gesichtshaut bei gleichzeitig weißer Nasenspitze und weißen Ohrläppchen, Herzklopfen und Hitzegefühl. Sie tritt auf, wenn 24 Stunden vor bzw. nach der Mahlzeit Alkohol getrunken wird.

Schopftintling

Coprinus comatus

Eigentlich ist der wohlschmeckende Speisepilz sehr gut charakterisiert. Da er seinen Standort jedoch mit dem bedingt giftigen Faltentintling teilt, sind Verwechslungen nicht ausgeschlossen. Der Faltentintling ist von Anfang an grau, nicht oder höchstens anliegend schuppig und hat keinen Ring. Außerdem wächst er büschelig, was der Schopftintling niemals tut. Abgesehen davon können auch Schopftintlinge nur dann in der Küche verwendet werden, solange sie noch vollkommen weiß gefärbt sind. Sobald die Lamellen auch nur den allerzartesten Rosaton zeigen, müssen sie innerhalb einer Stunde verarbeitet werden.

durchgeschnittener Pilz

- **Mai bis November**
- **3–10 cm**
- **jung eßbar**

- **Merkmale**
  Hut walzenförmig-glockig, meist höher als breit, weiß, vom Rand her nach oben aufrollend, trocken, mit faserigen Schüppchen; Lamellen sehr dicht stehend, breit, erst weiß, später schwarz, tintenartig zerfließend; Stiel weiß, lang und schlank, hohl, glatt, zerbrechlich, mit tiefsitzendem Ring
- **Vorkommen**
  auf gedüngten Wiesen und an Waldwegen
- **Verbreitung**
  in Mitteleuropa sehr häufig

- August bis November
- 4–8 cm
- kein Speisepilz

- **Merkmale**
  Hut fleischig, tonblaß bis fleischbräunlich, glatt, feucht schmierig, Rand nicht gerieft, ohne Velum; Lamellen anfangs tonblaß, bald milchkaffeebraun, anfangs tränend, bald braunfleckig, Schneiden schartig; Stiel weißlich, hohl, fein flockig, ohne Ring; Geruch rettichartig; Geschmack bitter
- **Vorkommen**
  in vielen Biotopen auf allen Böden
- **Verbreitung**
  in Mitteleuropa flächendeckend häufig

Tonblasser Fälbling

Hebeloma crustuliniforme

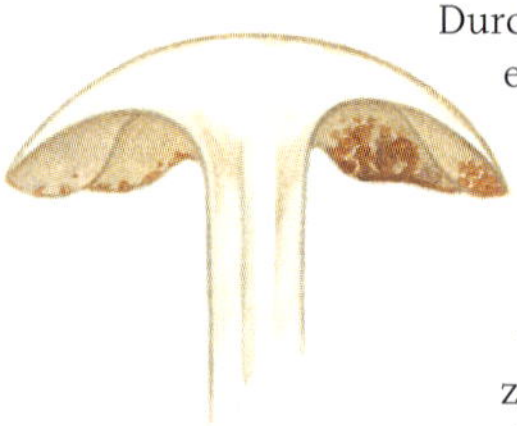

braungefleckte Lamellen

Durch den Rettichgeruch einerseits und die tränenden, später braunfleckenden Lamellen andererseits ist dieser kräftige Fälbling recht gut zu erkennen. Einen wichtigen Hinweis auf sein Erscheinungsbild gibt auch der wissenschaftliche Name; crustuliniformis bedeutet zuckerplätzchenförmig. Schwieriger mag es für den Einsteiger manchmal sein, die Gattung der oft recht unscheinbar braunen Fälblinge überhaupt zu erkennen. Gute Hinweise liefert der Geruch, der bei den einzelnen Arten sehr unterschiedlich und auffällig ist. Er reicht von Seife und Kakao über Marzipan bis hin zu Rettich.

Dunkelscheibiger Fälbling

Hebeloma mesophaeum

- August bis November
- 2–4 cm
- kein Speisepilz

Die meisten Fälblinge haben, wie der Name schon sagt, falbe Farben. Die beschriebene Art fällt durch die oft sehr deutlich ausgeprägte Zweifarbigkeit des Hutes aus dem Rahmen und gehört daher, zumindest in ihrer typischen Erscheinungsform, zu den einfacher zu bestimmenden Fälblingen. In großen oder kleinen Gruppen bevölkert der schmächtige Pilz den Boden um jüngere Kiefern und Fichten, besonders gerne in parkartigem Gelände sowie an lichten Stellen im Wald und an Wegrändern. Oft finden sich an den gleichen Standorten ähnlich aussehende braune Pilze mit braunen Lamellen. Sie riechen aber nicht nach Rettich.

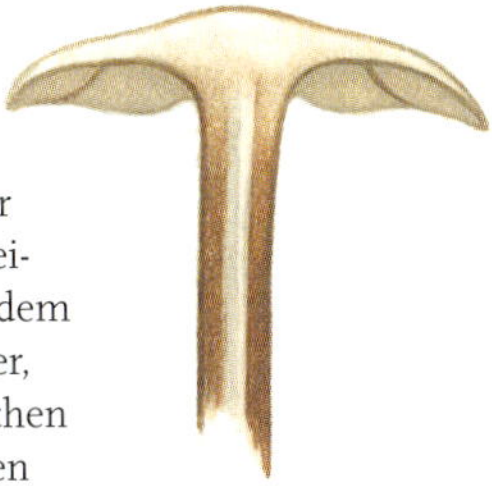

Stiel ohne Ring

- **Merkmale**
  Hut meist flach und stumpf gebuckelt, mit dunkelbrauner Mitte und blaßbraunem Rand, glatt, feucht schmierig, Rand anfangs mit gelblichen Velumresten; Lamellen zuerst tonblaß, bald milchkaffeebraun; Stiel hellbräunlich, hohl, faserig, ohne Ring, aber oft mit Ringzone; Geruch rettichartig; Geschmack bitter
- **Vorkommen**
  bei Nadelbäumen auf allen Böden
- **Verbreitung**
  in Mitteleuropa sehr häufig

- August bis Oktober
- 4–10 cm
- kein Speisepilz

- **Merkmale**
Hut nußbraun, feucht schmierig, trocken faserschuppig; Lamellen anfangs hellbeige, bald milchkaffeebraun, gedrängt, Schneiden weißlich; Stiel voll, deutlich beringt und mehrfach bräunlich gegürtelt, lang, spindelig und tief wurzelnd; Geruch nach Marzipan; Geschmack bitter

- **Vorkommen**
im Buchenwald unterhalb von morschen Buchenstümpfen

- **Verbreitung**
nirgends häufig

Wurzelnder Fälbling

Hebeloma radicosum

Seine Ansprüche sind in der Tat sehr speziell. Er benötigt einen morschen Buchenstubben, dazu in einem bestimmten Abstand und Gefälle ein Mäusenest, das bereits vor über zwei bis drei Jahren verlassen wurde. Erst nach diesem Zeitraum ist der Ammoniakgehalt des mäuseuringetränkten Bodens auf ein verträgliches Maß abgesunken. Die wurzelartigen Stiele der oft büschelig wachsenden Fruchtkörper reichen bis in das ehemalige Mäusenest hinein. Der Pilz ist dank seiner markanten Merkmalskombination, Marzipanduft und wurzelnder, gegürtelter Stiel, einfach zu erkennen.

Pilz mit langem Stiel

Kegeliger Rißpilz

Inocybe rimosa

Er ist einer der typischsten Vertreter dieser Gattung und an seiner markanten Hutbedeckung und dem eingerissenen Hutrand leicht als Rißpilz zu erkennen. Dennoch kann man ihn mit einigen anderen Rißpilzen verwechseln. Für Einsteiger ist das allerdings weniger wichtig als die Tatsache, daß die meisten Rißpilze bereits kurz nach der Mahlzeit heftige Vergiftungssymptome auslösen. Starker Speichelfluß, Sehstörungen, langsamer Puls, Bronchialasthma und Bauchkoliken sind einige der Anzeichen für eine Muskarinvergiftung. Als Gegenmittel wird Atropin injiziert, und Todesfälle sind kaum noch zu befürchten.

tief eingerissener Hutrand

- **Juni bis Oktober**
- **3–7 cm**
- **giftig**

- **Merkmale**
  Hut kegelig-geschweift, mit fleischigem Buckel, blaß gelblich bis goldbräunlich, trocken, mit grob radialfaseriger Hutbedeckung, die im Alter tief spaltend einreißt; Lamellen erst blaß graubeige, später zimtbraun, Schneiden weiß; Stiel weiß, glatt, ohne Ring; Geruch spermatisch
- **Vorkommen**
  an Wegrändern oder im Gras bei Laub- und Nadelbäumen
- **Verbreitung**
  in Mitteleuropa sehr häufig

- Juli bis November
- 1,5–3 cm
- giftig

Erdblättriger Rißpilz

Inocybe geophylla

Dieser zierliche Rißpilz läßt sich recht gut erkennen. Die weiße, feine, seidig glänzende Hutoberfläche und seine namensgebenden, typisch graubeigen Lamellen bilden ausgezeichnete Merkmale. Später, wenn die Hutbedeckung grober radialfaserig aufgespalten ist und der Pilz nicht mehr rein weiß, sondern etwas gelbliche oder blaß graubeige Farben angenommen hat, kommen noch einige andere, nur mikroskopisch zu bestimmende Rißpilze als verwechselbare Arten in Betracht. Sie enthalten, wie der hier vorgestellte Pilz, erhebliche Mengen an Muskarin und können ernstzunehmende Vergiftungen auslösen.

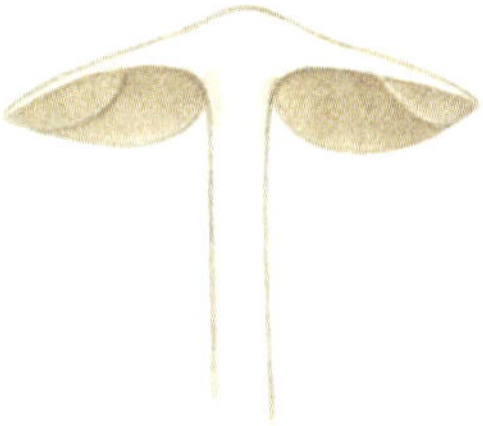

weißer Hut und weißes Fleisch, aber erdfarbene Lamellen

Merkmale
Hut flach kegelig, meist gebuckelt, weiß, alt cremefarben, dünnfleischig, mit feinseidiger Hutbedekkung, erst im Alter etwas grober radialfaserig; Hutrand alt gespalten; Lamellen erst blaß grau, später zimtbraun, Schneiden weiß; Stiel weiß, glatt und glänzend; Geruch leicht spermatisch

Vorkommen
an Wegrändern oder im Gras bei Bäumen

Verbreitung
an den Küsten selten, sonst häufig

Blutroter Hautkopf

Cortinarius sanguineus

- **August bis Oktober**
- **3–6 cm**
- **kein Speisepilz**

Wegen seiner auffälligen, einheitlich blutroten Färbung ist dieser Hautkopf gut zu erkennen. Aus ihm lassen sich durch Auskochen Farbstoffe gewinnen, mit denen man Naturfasern einfärben kann. Besonders in nordischen Ländern ist dieser Brauch sehr lebendig. Der Blutrote Hautkopf färbt Wolle karmin- bis blutrot, während der nachfolgende Safranblättrige Hautkopf (s. Seite 74) einen strohgelben Ton ergibt. Ähnlich auffällig rot sieht auch der Zinnoberrote Gürtelfuß *Cortinarius cinnabarinus* aus, der im Buchenwald wächst. Seine Pigmentierung ist jedoch chemisch andersartig, auch ist er mit den Hautköpfen nicht direkt verwandt.

Blutblättriger Hautkopf
Cortinarius semisanguineus

Merkmale
Hut meist gebuckelt, feinfaserig bis feinst schuppig, matt, blutrot bis intensiv rubinrot; Lamellen anfangs blutrot, bei der Sporenreife trüb braunrot werdend, ausgebuchtet; Stiel wie Hut gefärbt, enghohl, befasert; Fleisch dunkelrot, fest; Geruch schwach rettichartig; Geschmack bitter

Vorkommen
in Fichtenwäldern auf sauren Böden

Verbreitung
besonders im Gebirge, sonst zerstreut

- August bis Oktober
- 3–7 cm
- kein Speisepilz

Merkmale
Hut flach gewölbt und meist gebuckelt, mit herabgebogenem Rand, feinfaserig, matt, olivbraun bis dunkelbraun; Lamellen lebhaft gelb, ausgebuchtet; Stiel strohgelb bis olivgelblich, schlank zylindrisch, enghohl; Fleisch gelb, fest; Geruch schwach rettich- bis jodartig

Vorkommen
in Fichten- und Kiefernforsten auf sauren Böden

Verbreitung
in geeigneten Biotopen ein ausgesprochen häufiger Massenpilz

Safranblättriger Hautkopf

Cortinarius croceus

Die Hautköpfe gehörten früher wegen ihrer eigenartigen Pigmentierung nicht zu den Schleierlingen, sondern bildeten die Gattung *Dermocybe*. Der hier dargestellte Hautkopf dürfte eine der häufigsten Pilzarten in jungen Fichten- und Kiefernforsten sein. Dennoch läßt er sich erst mit einiger Erfahrung bestimmen, da sowohl sein Habitus als auch seine Hutfarben sehr variabel sind. Gute Kennzeichen stellen die lebhaft gelben Lamellen im Kontrast zum braunen Hut dar. Ganz ähnlich kann manchmal der Zimthautkopf *Cortinarius cinnamomeus* aussehen. Er weist aber weniger lebhaft gefärbte Lamellen auf. Diese Pilzart färbt angefeuchtetes Papier hellgelb ein.

Zimthautkopf
Cortinarius cinnamomeus

Natternstieliger Schleimfuß

Cortinarius trivialis

- August bis Oktober
- 3–10 cm
- kein Speisepilz

Dieser Schleimfuß liebt gebirgige Gegenden, kommt aber bis tief ins Flachland vor. Er bildet mit verschiedenen Laubbäumen Mykorrhizasymbiosen, wobei er neben Eichen und Buchen auch Zitterpappeln und Weiden nicht verschmäht. Der Pilz gehört zu einer Gruppe von Schleierlingen, die sowohl auf dem Hut als auch am Stiel schleimig sind. Bei dieser Art ist die Schleimschicht sogar besonders dick, hüllt Hut und Stiel völlig ein und tropft bei feuchtem Wetter vom Hutrand herab. Die auffallend treppenförmige, braune Stielnatterung besteht aus eingetrockneten Schleimschichten und stellt das beste Merkmal dieses Pilzes dar.

Stiel mit Ring und Natterung

Merkmale
Hut gewölbt oder ausgebreitet und stumpf gebuckelt, mit goldbraunen oder rotbraunen Farben, sehr schleimig; Lamellen zimtbraun, ausgebuchtet; Stiel an der Spitze weißlich, sonst mit auffallender, erhabener, gürtelförmiger, bräunlicher Natterung, dick schleimig

Vorkommen
im Laubwald, gerne auf lehmigen oder kalkhaltigen Böden

Verbreitung
besonders im Gebirge sehr häufig, sonst zerstreut

- August bis Oktober
- 3–7 cm
- eßbar

- **Merkmale**
  Hut ausgebreitet und stumpf gebuckelt, schön goldbraun, stark schleimig; Lamellen anfangs zart violett, später zimtbraun, gedrängt; Stiel jung intensiv violett, stark schleimig, schlank, voll, zylindrisch oder mit verjüngter Basis; Fleisch in der Stielspitze violett, sonst weiß
- **Vorkommen**
  in Fichtenwäldern auf sauren Böden
- **Verbreitung**
  besonders in den Mittelgebirgen nicht selten

Blaustiel-Schleimfuß

Cortinarius collinitus

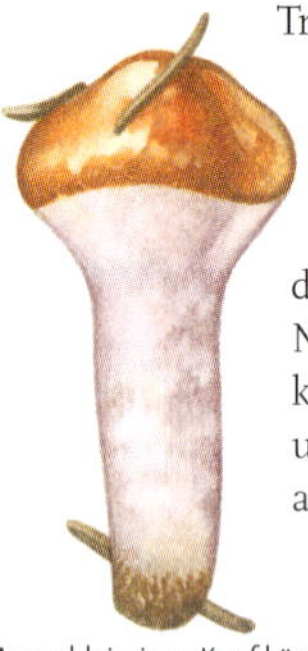

Am schleimigen Kopf können Nadeln hängenbleiben.

Treffender könnte ein wissenschaftlicher Artname kaum sein; collinitus bedeutet schleimig. Tatsächlich ist der gesamte Pilz im Jugendzustand völlig von einer dicken Schleimschicht eingehüllt. Nur bei sehr trockener Witterung kann diese Schicht eintrocknen und dann eine leichte Natterung auf dem Stiel hinterlassen. Ansonsten ist die Art gut anhand der violetten Färbung der Stielspitze und der jungen Lamellen zu erkennen. Das gilt besonders, wenn der Standort unter Fichten, besonders in Mittelgebirgslagen, mit in Betracht gezogen wird. Andere Schleierlinge mit braunem Hut und violetten Lamellen besitzen einen trockenen Stiel.

Blaublättriger Schleimfuß

Cortinarius delibutus

- August bis Oktober
- 3–8 cm
- kein Speisepilz

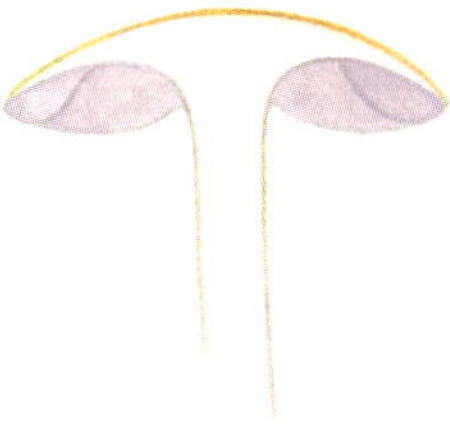

gelbe Hutdeckschicht, weißes Fleisch und violette Lamellen

In typischer Jugendform ist der Pilz nicht zu verkennen, da die intensiv violetten Lamellen in Kombination mit dem schleimigen Hut und Stiel ihn gut kennzeichnen. Kompliziert wird es allerdings bei trockenem Wetter und vor allem, wenn bei der Sporenreife die Lamellen nicht mehr schön violettblau, sondern eher braun gefärbt sind. Dann kann der Pilz einigen anderen Schleierlingen, z. B. aus der Gruppe der Schleimköpfe und der Dickfüße, sehr ähnlich sehen. In diesem Fall hilft es, den Stiel anzufeuchten, damit eine eventuell vorhandene Schleimschicht wieder aufquellen kann und so wieder sichtbar wird.

Merkmale
Hut meist nicht gebuckelt, schleimig, glatt, einheitlich semmelgelb; Lamellen anfangs intensiv violettblau, später durch die reifen Sporen zimtbraun; Stiel weiß, Spitze oft bläulich, schleimig, fest, mit gelblichen Velumfasern, die eine Ringzone bilden; Fleisch weiß oder leicht bläulich, fest

Vorkommen
in Laub- und Nadelwäldern auf sauren Böden

Verbreitung
überall einer der häufigen Schleierlinge

- August bis Oktober
- 3–10 cm
- kein Speisepilz

Bitterer Schleimkopf
Cortinarius infractus

Olivgelber Schleimkopf
Cortinarius subtortus

Giftig ist er nicht; warum er dennoch kein Speisepilz ist, geht aus seinem Namen deutlich hervor. Dieser mittelgroße, kompakte Schleimkopf gehört mit zu den bittersten Pilzen überhaupt. Abgesehen davon wirken auch seine auffällig gefärbten, außerordentlich dunklen, rußig olivbraunen Lamellen kulinarisch nicht sehr einladend. Auch der Olivgelbe Schleimkopf *Cortinarius subtortus* weist ebenso düster gefärbte Lamellen auf. Diese schmächtigere Art mit dem etwas lebhafter gefärbten Hut wächst jedoch im Fichtenwald auf sauren Böden und ist z.B. im Schwarzwald in mitleren Höhenlagen recht häufig anzutreffen.

- **Merkmale**
  Hut jung mit Haarschleier, meist stumpf gebuckelt, mit düster olivgrünen oder olivbraunen Grundtönen, schmierig; Lamellen düster olivbraun, gedrängt; Stiel weißlich mit Olivton, trocken, voll; Fleisch in der Stielspitze olivlich, sonst gräulichweiß; Geschmack bitter
- **Vorkommen**
  in Laub- und Nadelwäldern, gerne auf basischen Böden
- **Verbreitung**
  in Mitteleuropa einer der häufigen Schleimköpfe

Weißflockiger Gürtelfuß

Cortinarius hemitrichus

Im Jungzustand oder bei reichlichen Vorkommen ist diese Art an den auffälligen weißen Faserschüppchen und anhand des Standortes unter Birken gut zu erkennen. Schwieriger wird es, wenn nur einzelne oder ältere Fruchtkörper zu finden sind, da die Schüppchen nachdunkeln oder ganz abgewaschen sein können. In diesem Fall wäre der Pilz mit zahlreichen anderen kleinen braunen Gürtelfüßen zu verwechseln und ohne Mikroskop nicht bestimmbar. Eine äußerlich frappierend ähnliche Art ist der Duftende Gürtelfuß *Cortinarius paleaceus* mit spitzgebuckeltem Hut und intensivem Geranienduft. Er wächst jedoch nur im Nadelwald.

Duftender Gürtelfuß
Cortinarius paleaceus

- **September bis November**
- **2–5 cm**
- **kein Speisepilz**

- **Merkmale**
  Hut gewölbt oder kegelig und meist stumpf gebuckelt, nußbraun bis dunkelrotbraun, trocken blasser, mit zahlreichen kleinen, weißen Faserschüppchen; Lamellen zimtbraun, ausgebuchtet; Stiel auf mittel- bis dunkelbraunem Grund vom reichlichen Velum weißlich genattert; Fleisch blaß beigebraun
- **Vorkommen**
  unter Birken auf sauren Böden
- **Verbreitung**
  in Mitteleuropa ziemlich häufig

- August bis Oktober
- 3–8 cm
- kein Speisepilz

- **Merkmale**
  Hut fein eingewachsen faserig und seidig glänzend, anfangs ganz hell violett, später mit gelblichem oder bräunlichem Ton; Lamellen anfangs grauviolett, später zimtbraun, ausgebuchtet, fast entfernt; Stiel zylindrisch, weißviolett, von Velumresten gestiefelt; Geruch und Geschmack nach rohen Kartoffeln

- **Vorkommen**
  in Laubwäldern auf allen Böden

- **Verbreitung**
  häufig, aber zurückgehend

Weißvioletter Dickfuß

Cortinarius alboviolaceus

Dieser Pilz ist einer der häufigsten Dickfüße und an seiner auffallend blaßvioletten Farbe sowie der seidig-glatten Hutbedeckung gut zu erkennen. Der Stiel kann, besonders im Jungzustand, an der Basis stark knollig verdickt sein, wird aber mit zunehmender Streckung nahezu zylindrisch. Darüber hinaus kann er von den seidigen Velumresten gegürtelt, gestiefelt oder fast beringt sein. Der Pilz ist nicht giftig, schmeckt aber auch nicht gut. Über seine Bodenansprüche gehen die Literaturangaben weit auseinander; die Spanne reicht von kalkhold über kalkmeidend bis hin zu saure Böden bevorzugend.

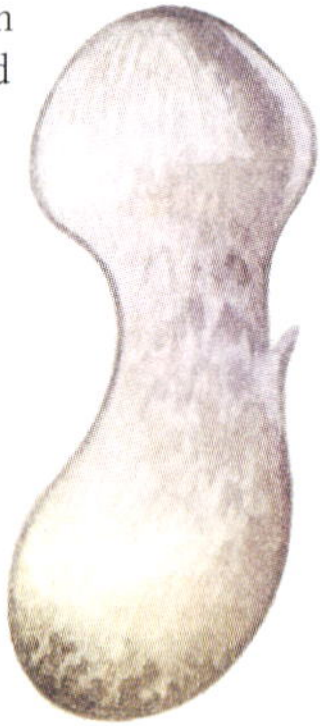

junger Pilz

Orangefuchsiger Rauhkopf

Cortinarius orellanus

- August bis Oktober
- 3–8 cm
- tödlich giftig

Diese Art ist ein äußerst gefährlicher Giftpilz, der die Nieren bis zur Funktionsunfähigkeit schädigt. Die recht lange Latenzzeit von 4–14 Tagen macht es schwierig, einen Zusammenhang mit einer Pilzmahlzeit herzustellen. Die Vergiftung äußert sich erst, wenn die Giftstoffe längst im Blutkreislauf sind. Die ersten Symptome sind unstillbarer Durst, Kopfschmerzen, Schmerzen in der Lendengegend und leichtes Fieber. Der Pilz sorgte in Polen für eine Massenvergiftung, bei der 102 Menschen erkrankten und elf von ihnen starben. Zuvor war die Art nicht als Giftpilz bekannt. Es gibt noch einige weitere Rauhköpfe, die noch nicht ausreichend erforscht sind.

faserig filzige Huthaut

- **Merkmale**
  Hut kegelig-geschweift, meist stumpf gebuckelt, faserig-filzig, matt, rostbraun oder fuchsigbraun; Lamellen entfernt stehend, rostbraun; Stiel glatt, ringlos, messing- bis goldgelb, Basis dunkler rostgelb, voll; Fleisch blaß gelblich, sehr fest; Geruch schwach rettichartig
- **Vorkommen**
  in wärmebegünstigten Laubwäldern auf Kalkboden
- **Verbreitung**
  selten, höchstens regional häufiger

- August bis Oktober
- 2–6 cm
- tödlich giftig

- **Merkmale**
  Hut kegelig-geschweift und spitz gebuckelt, rauh oder feinfilzig, matt, lebhaft orangebraun, Rand abwärts gebogen; Lamellen ausgebuchtet, dicklich, entfernt, zimtbraun; Stiel auf rostbraunem Grund gelblich befasert, voll, fest; Fleisch blaß orangeocker, fest; Geruch leicht rettichartig

- **Vorkommen**
  im Nadelwald auf sauren, moorigen Böden

- **Verbreitung**
  in Mittelgebirgslagen häufig und verbreitet

Spitzgebuckelter Rauhkopf

Cortinarius rubellus

Die unter ihrem früheren wissenschaftlichen Namen *Cortinarius speciosissimus* besser bekannte Art steht dem zuvor erwähnten Pilz in seiner Giftwirkung nicht nach. In den siebziger Jahren erlitten drei Schottlandurlauber eine Vergiftung, weil sie diesen Rauhkopf mit Pfifferlingen verwechselten. Bei zweien kam es zu einem völligen Versagen der Nierenfunktion, so daß neun Monate nach der Mahlzeit eine Nierentransplantation durchgeführt werden mußte. Pilzsucher sind gut beraten, wenn sie Pilze mit braunem Hut und braunen Lamellen einer ganz besonders gründlichen Inspektion unterziehen.

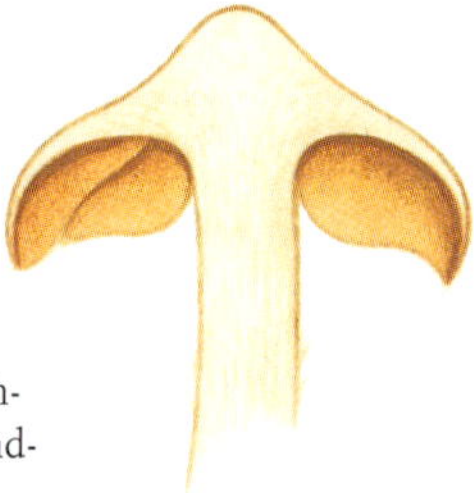

durchgeschnittener Pilz

Reifpilz, Runzelschüppling

Rozites caperatus

Diese Art zeichnet sich durch das im wissenschaftlichen Namen enthaltene Merkmal (caperatus = runzelig) aus. Im Gegensatz zur flüchtigen Bereifung bleibt dieses gute Kennzeichen auch im Alter erhalten. Alles in allem ist der Pilz auch sonst kaum zu verwechseln. Mögliche giftige Doppelgänger, die vielleicht bei den Rißpilzen oder bei den Schleierlingen zu suchen wären, besitzen alle keinen Ring. Daß er als Speisepilz nicht mehr empfohlen werden kann, hängt mit einer relativ hohen Schwermetallbelastung zusammen. Außerdem zeigt er eine deutliche Rückgangstendenz und wurde daher sogar in der Roten Liste als gefährdet eingestuft.

Die oberseits geriefte Manschette ist deutlich zu sehen.

- **August bis Oktober**
- **5–10 cm**
- **eßbar**

- **Merkmale**
  Hut stumpf kegelig, semmelgelb bis ockerbräunlich, runzelig, anfangs von feinen weißen Velumfasern reifartig überzogen, fleischig; Lamellen anfangs blaß kittbeige, später rostgelb, gedrängt, mit gekerbten Schneiden; Stiel weißlich, kräftig, voll, fest und mit einer deutlich ausgeprägten, oberseits gerieften Manschette
- **Vorkommen**
  im Nadelwald auf sauren Böden
- **Verbreitung**
  nicht überall häufig

- Mai bis Oktober
- 2–5 cm
- kein Speisepilz

- **Merkmale**
  Hut stumpf kegelförmig, bald ausgebreitet, häutig, stark schleimig, gold-, oliv- bis zitronengelb, zuweilen fast weißlich, Rand deutlich und grob gerieft; Lamellen warm ockerbraun, tief ausgebuchtet; Stiel glasig-weiß, hohl, gebrechlich, weißlich bereift, ohne Ring

- **Vorkommen**
  an gedüngten Stellen, auf Mist, in Gärten und auf Holzmulch

- **Verbreitung**
  häufig und in Mitteleuropa nirgends fehlend

Goldmistpilz

Bolbitius vitellinus

Dieser Pilz ist in seiner typischen Form so auffällig, daß er sich eigentlich nicht verwechseln läßt. Geringfügige Zuordnungsprobleme könnten höchstens die Fruchtkörper mit veränderlicher Farbgebung bereiten. So gibt es laut Literatur auch einen Weißen Mistpilz *Bolbitius lacteus*. Dieser wird aber nicht von allen Fachleuten als eigenständige Art anerkannt. Zum anderen haben zusätzliche Substrate, die in jüngerer Zeit vom Goldmistpilz ebenfalls angenommen und besiedelt werden (z. B. Holzmulch), farblich abweichende Fruchtkörper hervorgebracht, die teilweise als eigenständige Varietäten betrachtet werden.

ein zitronengelbes Exemplar

Honiggelber Erlenschnitzling

Alnicola melinoides

- Mai bis November
- 1–2,5 cm
- kein Speisepilz

Einzeln betrachtet wäre der unscheinbare, braunsporige Pilz nur für Spezialisten mikroskopisch zu bestimmen. Er ist aber an geeigneten Standorten fast schon allein an der Masse der ungezählten kleinen Fruchtkörper zu erkennen. Er wächst ausschließlich in Mykorrhizasymbiose mit Erlen und ist von Sommer bis Herbst in feuchten Erlenbruchwäldern aspektbildend. Am gleichen Standort kommt, wenn auch wesentlich seltener, der Rotbraune Erlenschnitzling *Alnicola scolecina* vor. Dieser weist eine dunkler rotbraune Hutfarbe und eine gröbere Hutrandriefung auf.

Ein einzelner Pilz ist eher unscheinbar.

- **Merkmale**
  Hut bald ausgebreitet, dünn und kaum fleischig, glatt, feucht etwas schmierig, trocken matt, honiggelblich bis lederocker, recht farbvariabel, Rand im feuchten Zustand gerieft; Lamellen anfangs graubeige, später mittelbraun, ausgebuchtet; Stiel lederfarben, schlank, weißlich befasert, ohne Ring
- **Vorkommen**
  gesellig bis herdenweise unter Erlen
- **Verbreitung**
  in allen Erlenbruchwäldern Europas häufig

- April bis Juni
- 4–8 cm
- kein Speisepilz

- **Merkmale**
Hut stumpf gebuckelt, glatt, feucht etwas schmierig, trocken oft rissig, ockerbräunlich bis -gelblich; Lamellen anfangs graubeige, später mittelbraun, ausgebuchtet; Stiel weißlich bis beige, glatt, hohl, mürbe, mit häutigem, flüchtigem Ring; Geruch und Geschmack mehlig-ranzig

- **Vorkommen**
einzeln oder gesellig an lichten Stellen

- **Verbreitung**
in allen Biotopen verbreitet und sehr häufig

Voreilender Ackerling

Agrocybe praecox

Er ist einer der häufigsten Frühjahrsblätterpilze und gut zu erkennen. Der deutliche Ring, die braunen Lamellen und das mürbe Fleisch stellen sichere Merkmale dar. Über seinen Speisewert streiten sich die Geister. Es soll völlig mild schmeckende Exemplare geben, die man bedenkenlos verzehren kann. Im allgemeinen ist er aber wegen seines ranzig-bitteren Geschmacks eher ungenießbar. Als giftiger Doppelgänger kommt lediglich der wesentlich seltenere Ziegelrote Rißpilz *Inocybe patouillardii* in Frage. Dieser hat aber einen radialfaserigen, kegeligen Hut und keinen Ring.

Die Lamellen sind am Anfang noch vom Velum, dem späteren Ring, bedeckt.

Gemeiner Trompetenschnitzling
Tubaria furfuracea

- **Januar bis Dezember**
- **1–5 cm**
- **kein Speisepilz**

Der kleine Holzbewohner weist von Kopf bis Fuß immer eine einheitlich zimtbraune Färbung auf. Darüber hinaus hat er auffallend dickliche, entfernte, breit angewachsene, im Schnitt dreieckige Lamellen und ist schon dadurch gut gekennzeichnet. Dieser ohnehin häufige Pilz tritt noch wesentlich öfter auf, seitdem das Mulchen der Rabatten mit Holzabfällen in Mode gekommen ist. Er besiedelt dieses Substrat in großen Scharen und bildet zuweilen ganze Teppiche. Er ist aber keineswegs auf Holz allein angewiesen, sondern kann auch Pappe, Kokosfasermatten, Jutesäcke und anderes organisches, ligninhaltiges Material nutzen.

breite, angewachsene Lamellen

- **Merkmale**
  Hut halbkugelig, gewölbt oder verbogen, manchmal schwach gebuckelt, feucht etwas klebrig, fleischbräunlich und zu ockerfalb austrocknend, Rand oft mit weißen Velumflöckchen besetzt; Lamellen entfernt, dicklich, breit angewachsen; Stiel fleischbraun, ohne Ring, Basis weißfilzig
- **Vorkommen**
  einzeln bis gesellig auf Holzresten
- **Verbreitung**
  in allen Biotopen verbreitet und sehr häufig

- August bis Oktober
- 1–2 cm
- kein Speisepilz

- **Merkmale**
  Hut muschelförmig, gewölbt, seitlich am Holz angewachsen; Huthaut trocken, feinfilzig, weißlich; Lamellen anfangs weiß, bei der Sporenreife rasch tonbräunlich werdend, gedrängt, wenige davon in einem Punkt an der Anwachsstelle zusammenlaufend; Stiel fehlend

- **Vorkommen**
  gesellig an toten und morschen Laubholzästchen

- **Verbreitung**
  in ganz Mitteleuropa sehr häufig und nirgends fehlend

Gemeines Stummelfüßchen

Crepidotus variabilis

Im Herbst ist dieses weiße, ungestielte Muschelchen mit den bräunlichen Lamellen an zahlreichen Ästchen zu finden und hat seinen Volksnamen daher redlich verdient. Seinen wissenschaftlichen Artnamen aber auch, denn Größe und Gestalt sind wahrlich variabel. Manchmal sieht man fast nichts außer Lamellen. Fachleute unterscheiden allerdings mehrere Stummelfüßchen auf Grund mikroskopischer Merkmale. Die Gattungszugehörigkeit ist einfach zu erkennen. Die rosabraunen Lamellen grenzen die Stummelfüßchen von den Seitlingen, den Muschelingen, den Zwergmuschelingen und nicht zuletzt von den Zwergknäuelingen ab.

ein an Holz wachsendes Exemplar von unten betrachtet

Gallertfleischiges Stummelfüßchen

Crepidotus mollis

- August bis Oktober
- 2–5 cm
- kein Speisepilz

Dieser Pilz würde besser Gallerthäutiges Stummelfüßchen heißen, denn das markanteste Merkmal bildet seine dicke, gallertige Huthaut, die sich leicht abziehen und auf die doppelte Länge dehnen läßt, bevor sie zerreißt. Auch im wissenschaftlichen Artnamen ist dieses Merkmal enthalten; mollis bedeutet biegsam, weich, geschmeidig. Innerhalb der Stummelfüßchen nimmt diese Art eine Ausnahmestellung ein, da alle anderen eine trockene Hutdeckschicht besitzen. Wegen des rosabraunen Sporenpulvers und der dunklen Lamellen kann man den Pilz gut von anderen seitlich am Holz angewachsenen Arten unterscheiden.

Die Haut ist sehr dehnbar.

- **Merkmale**
  Hut muschelförmig, gewölbt, alt mit gekräuseltem Rand, stiellos seitlich am Holz angewachsen; Huthaut glatt, durchsichtig und abziehbar, gummiartig dehnbar; Fleisch darunter olivbräunlich mit hellerem Rand; Lamellen anfangs weißlich, bei der Sporenreife tonbräunlich, gedrängt
- **Vorkommen**
  gesellig und dachziegelig an totem Laubholz
- **Verbreitung**
  in Norddeutschland seltener, sonst häufig

- Mai bis November
- 2–5 cm
- eßbar

- **Merkmale**
Hut gewölbt bis ausgebreitet, wenig fleischig, meist typisch flach und stumpf gebuckelt, glatt und glänzend, zweifarbig mit mittelbraunem Scheitel und falb entwässertem, ungerieftem Rand; Lamellen beigebraun, ausgebuchtet; Stiel unterhalb des deutlichen, häutigen Ringes schuppig; Geruch und Geschmack pilzartig-würzig

- **Vorkommen**
büschelig an totem Laubholz

- **Verbreitung**
überall häufig

Stockschwämmchen

Kuehneromyces mutabilis

zweifarbiger Hut und schuppiger Stiel

Es gibt wohl keinen anderen Speisepilz, vor dem eindringliche Warnungen so berechtigt sind. Die Verwechslungsgefahr mit dem stark giftigen Gifthäubling *Galerina marginata* ist enorm. Auch dieser kann an Laubholz vorkommen, sogar am selben Stamm. Besonders groß ist die Gefahr bei der Ernte im Sammelrausch. Man sollte sich daher unbedingt jedes Stockschwämmchen genau ansehen, bevor es für die Küche gesammelt wird. Ein gutes Kennzeichen stellt der Geruch dar, der beim Stockschwämmchen pilzartig-aromatisch ist, während der Gifthäubling nach Mehl riecht. In Pilzberatungsstellen werden Stockschwämmchen ohne Stiele nicht freigegeben.

Gifthäubling

Galerina marginata

Man muß sich eigentlich wundern, daß noch nicht mehr passiert ist. Der Gifthäubling, irritierenderweise auch Nadelholzhäubling genannt, ist ein gefährlicher Giftpilz, der Amanitine (Knollenblätterpilzgifte) enthält und schwere Vergiftungen mit langer Latenzzeit auslösen kann. Zunehmend werden die Gifthäublinge, sogar mit leicht büscheligem Wachstum, auf Holzmulch festgestellt. Die Verwechslungsgefahr mit Stockschwämmchen ist daher außerordentlich groß. Ein vielleicht lebensrettender Hinweis: Riecht ein vermeintliches Stockschwämmchen nach Mehl und hat es keine Schüppchen am Stiel, dann ist es auch keins.

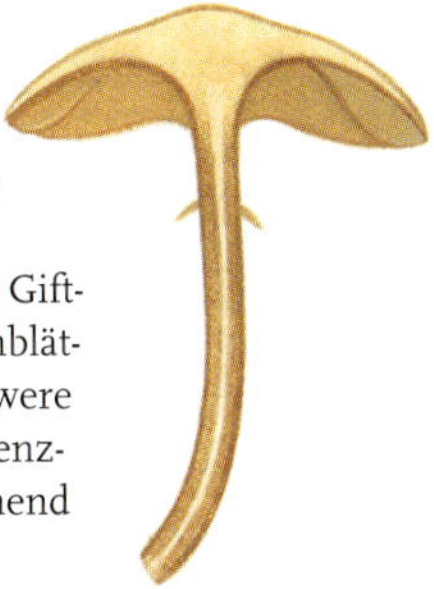

aufgeschnittener Pilz mit flüchtigem Ring

- **Mai bis Dezember**
- **1,5–4 cm**
- **tödlich giftig**

- **Merkmale**
Hut ohne Buckel, glatt und etwas klebrig, Rand gerieft; feucht ockerbraun, beim Trocknen gleichmäßig zu hell ocker verblassend; Lamellen breit angewachsen oder ausgebuchtet herablaufend, ockerbraun; Stielspitze cremefarben, zur Basis dunkler, silbrig überfasert, Ring flüchtig; Geruch mehlartig

- **Vorkommen**
in kleinen Gruppen auf totem Nadelholz, seltener auf Laubholz

- **Verbreitung**
überall sehr häufig

- Juli bis Dezember
- 2–5 cm
- kein Speisepilz

- **Merkmale**
  Hut eingewachsen-faserig, feucht leicht klebrig, Rand nicht gerieft, lebhaft zimtgelb bis gelblichfuchsig; Lamellen gedrängt, ausgebuchtet, lebhaft gelblich, oft mit rostigen Flecken; Stiel blaß gelblich, weißlich befasert, ohne deutlichen Ring; Geruch aromatisch; Geschmack bitter

- **Vorkommen**
  gesellig auf totem, morschem Kiefernholz

- **Verbreitung**
  in den Kiefernarealen Europas sehr häufig

Gefleckblättriger Flämmling

Gymnopilus penetrans

Zwar hat diese Art bei oberflächlicher Betrachtung ebenfalls etwas Ähnlichkeit mit den beiden zuvor beschriebenen Arten, doch wäre eine Verwechslung ungefährlich, da dieser Pilz nicht giftig ist. Dafür ist er mit das Bitterste, was unsere Wälder hergeben und steht im Geschmack dem Gallenröhrling kaum nach. Schon einige Fruchtkörper machen ein Pilzgericht ungenießbar. Von den gesellig oder büschelig wachsenden holzbewohnenden Blätterpilzen stellt er einen der häufigsten dar. Durch seine gefleckten Lamellen und sein Vorkommen auf Kiefernholz ist er gut festgelegt und leicht zu erkennen.

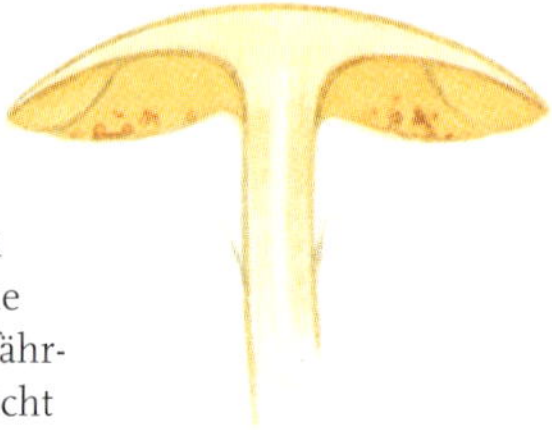

gefleckte Lamellen

Feuerschüppling

Pholiota flammans

Der in kleinen Gruppen wachsende Pilz macht seinem Namen alle Ehre und ist weder zu übersehen noch zu verwechseln. Schon aus der Ferne leuchtet er auffällig und prächtig feuerfarben an seinem morschen Stubben. Schneidet man ihn durch, so läuft das feste, gelbe Fleisch rotbraun an. Er ist einer der Holzbewohner, die einen Stumpf oder größeren, am Boden liegenden Ast erst im Zustand fortgeschrittener Zersetzung besiedeln können. Ganz im Gegensatz dazu sind andere Schüpplinge aggressiver und können sogar lebendes Holz befallen. Von allen Blätterpilzen weist er die kleinsten Sporen auf.

aufgeschnittener Pilz

- **Juli bis Oktober**
- **2–6 cm**
- **kein Speisepilz**

- **Merkmale**
  Hut trocken, fleischig, leuchtend chrom- oder goldgelb; Hutoberfläche und Rand mit sparrig abstehenden Schüppchen; Lamellen erst lebhaft gelb, bei der Sporenreife rostbraun, gedrängt; Stiel unterhalb des Ringes mit sparrigen Schüppchen auf chromgelbem Grund; Geruch muffig; Geschmack bitter

- **Vorkommen**
  auf morschen Fichtenstubben

- **Verbreitung**
  im Flachland seltener, sonst überall häufig

- September bis November
- 5–12 cm
- kein Speisepilz

- **Merkmale**
  Hut trocken, fleischig, auf blaßgelbem Grund mit goldbraunen, sparrigen Schüppchen; Lamellen zunächst wachsgelb, bei der Sporenreife rostbraun werdend, gedrängt, ausgebuchtet; Stiel unterhalb des Ringes auf cremegelbem Grund dicht mit sparrigen Schüppchen besetzt; Geruch und Geschmack muffig

- **Vorkommen**
  am Stammgrund lebender Laubbäume

- **Verbreitung**
  sehr verbreitet und überall häufig

Sparriger Schüppling

Pholiota squarrosa

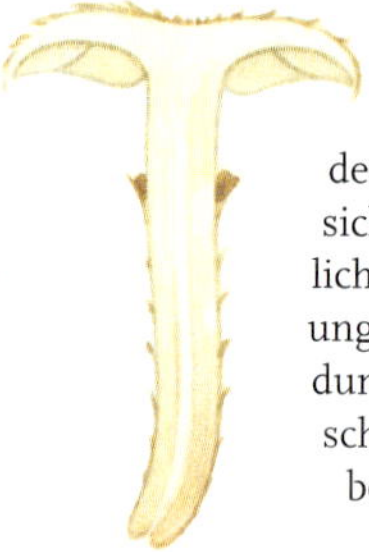

aufgeschnittener Pilz mit schmalen, braunen Lamellen

Der in großen Büscheln wachsende Wundparasit ist der klassische Doppelgänger des Hallimasches und wurde sicher auch schon oft versehentlich als solcher verspeist. Er ist ungiftig, taugt aber wegen seines dumpfen, rettichartigen Geschmacks kaum für die gehobene Küche. Es gibt ein ganz einfaches Unterscheidungsmerkmal zwischen Schüpplingen und Hallimasch, das Sporenpulver. Beim Hallimasch ist es weiß und beim Schüppling braun. Bei ausgewachsenen Pilzen kann man die abgeworfenen Sporen als weißes bzw. braunes Pulver auf den Hüten der jeweils darunter wachsenden Fruchtkörper sehen.

Hallimasch

Armillaria ostoyae

- **September bis Oktober**
- **2–10 cm**
- **eßbar**

Der parasitisch lebende, gefürchtete Forstschädling ist das größte Lebewesen der Erde, das alljährlich innerhalb eines kurzen Zeitraumes in ungezählten Büscheln an Holz Fruchtkörper bildet. Sein Pilzgeflecht erstreckt sich über Quadratkilometer und kann viele Tonnen wiegen. Die schwarzen Myzelstränge (Rhizomorphen) sind ganzjährig am Holz zu beobachten. Der Hallimasch ist roh giftig und wird auch abgekocht nicht von allen Menschen vertragen. Für Schweine soll der Hallimasch sogar tödlich giftig sein. Zu verwechseln ist er mit dem bitteren Sparrigen Schüppling, der auf Seite 94 beschrieben ist.

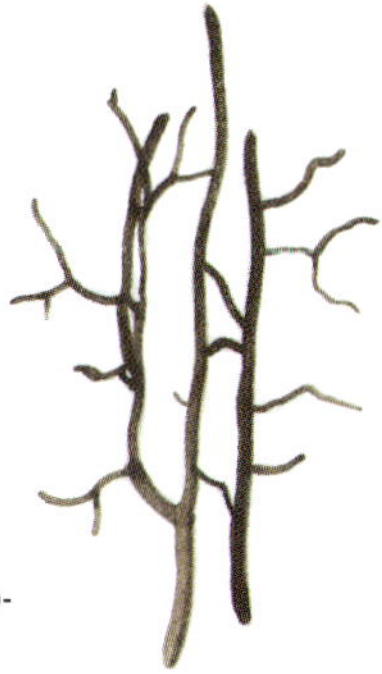

Dauermyzel

- **Merkmale**
  Hut mit schwarzen Schüppchen, die vom Regen abgewaschen sein können; Lamellen hell fleischfarben, gerade angewachsen, Sporenpulver weiß; Stiel weiß, später braun berindet, im unteren Teil zäh, mit häutigem, hängendem Ring, Geschmack zusammenziehend
- **Vorkommen**
  in Laub- und Nadelwäldern, büschelig an Holz wachsender Massenpilz
- **Verbreitung**
  auf der ganzen Welt verbreitet und häufig

- März bis Mai
- 3–10 cm
- eßbar

- **Merkmale**
  Hut geschweift-kegelig, kompakt, mit weißfleischigem Buckel, hell beigebraun, mittel- bis graubraun, glatt, seidenmatt, Rand nicht gerieft, oft gekerbt, lange herabgebogen; Lamellen anfangs weiß, später rosa; Stiel weißlich, voll, fest; Geruch und Geschmack nach Mehl
- **Vorkommen**
  im Frühling unter Obstbäumen, Schlehen und Weißdorn (Rosengewächse)
- **Verbreitung**
  vielfach nur ortshäufig

Schildrötling

Entoloma clypeatum

Diesen Rötling mit dem starken Mehlgeruch sollten nur erfahrene Pilzkenner für die Küche sammeln und keinesfalls später als Mitte Mai. Zu groß ist die Verwechslungsgefahr mit anderen Rötlingen, u. a. mit dem stark giftigen Riesenrötling. Dieser recht große, fleischige Pilz mit den zuerst gelblichen Lamellen wächst im allgemeinen erst ab Juni/Juli und bevorzugt kalkhaltige Böden in Wäldern. Ein gutes Kennzeichen des Schildrötlings ist der ausgeprägte, fleischige Buckel in Verbindung mit dem Mehlgeruch. Im Gegensatz zum Riesenrötling hat er im Jugendzustand niemals gelbe Lamellen.

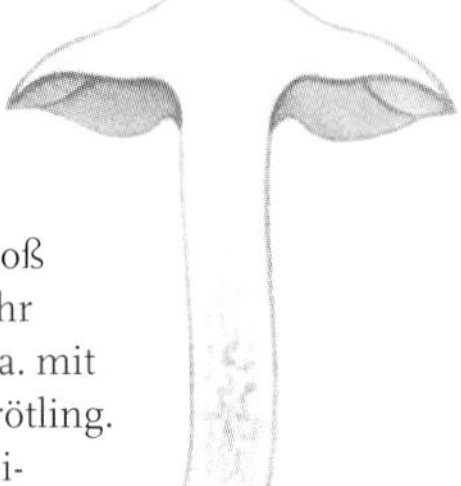

gebuckelter Pilz mit rosa Lamellen und hellem Fleisch

Sternsporiger Rötling

Entoloma conferendum

- Juni bis Oktober
- 3–6 cm
- giftig

Sein namensgebendes Merkmal, die sternförmigen Sporen, ist zwar nur mikroskopisch zu erfassen, dennoch hat dieser Rötling gute Kennzeichen, die mit etwas Erfahrung eine Feldbestimmung ermöglichen: einen verdreht-längsrilligen, oft hohen, glasig-zerbrechlichen Stiel und einen sehr fragilen, dünnfleischigen Hut. Für Speisepilzsammler ist es wichtig, einen Rötling überhaupt als solchen zu erkennen. Das beste Kennzeichen der Gattung bieten die Lamellen, die nur im jungen Zustand hell sind, sich bei der Sporenreife aber deutlich rosa, rötlich oder rötlichbraun verfärben. Das Sporenpulver ist rosabräunlich gefärbt.

längsrilliger, verdrehter Stiel

Merkmale
Hut kegelig-geschweift und oft brustwarzenförmig gebuckelt, dünnfleischig, schmutzig braun, radialfaserig, Rand bis fast zur Hälfte gerieft; Lamellen rosabräunlich, breit, ausgebuchtet; Stiel gebrechlich, zylindrisch, hohl, oft verdreht, weißlich befasert; Geruch und Geschmack mehlartig

Vorkommen
auf Magerwiesen und wenig gedüngten Weiden

Verbreitung
in ganz Mitteleuropa verbreitet und häufig

- März bis Mai
- 2–4 cm
- giftig

- **Merkmale**
  Hut kegelig-glockig und fast immer gebuckelt, dünnfleischig, anfangs dunkelbraun bis fast schwarz, bald schmutzig braun, radialfaserig, glatt, seidig glänzend; Lamellen rosabräunlich, ausgebuchtet; Stiel wie Hut gefärbt, hohl und weißlich befasert

- **Vorkommen**
  im Frühling bei Nadelbäumen in der Streu oder an grasigen Stellen

- **Verbreitung**
  verbreitet, aber nicht sehr häufig

Frühlingsglöckling

Entoloma vernum

Als Glöcklinge werden die Rötlinge bezeichnet, die einen zierlichen, fragilen Habitus und einen kegelig-glockigen Hut aufweisen. Keiner von ihnen kommt als Speisepilz in Frage, und viele von ihnen sind giftig. Es gibt noch einige weitere zierliche Glöcklinge und Rötlinge, die manchmal, wenn auch selten, ebenfalls im Frühjahr erscheinen können. Der Frühlingsglöckling fällt jedoch durch seinen anfangs fast schwarzen Hut auf und riecht niemals nach Mehl. Auch sein Standort bei Nadelbäumen kennzeichnet den grazilen, dünnfleischigen Pilz gut, so daß er kaum zu verwechseln ist.

Der erwachsene Pilz ist heller gefärbt als ein junger.

Gemeiner Gurkenschnitzling

Macrocystidia cucumis

Eine Beschreibung erübrigt sich hier fast, da dieser Pilz trotz seiner vorherrschend braunen Farben allein an seinem auffälligen Gurkengeruch sicher zu erkennen und mit keiner anderen Pilzart zu verwechseln ist. Fast scheint es ungerecht, daß manche Arten mehrere auffällige Merkmale haben, während sich andere wegen diffuser Kennzeichen kaum einordnen lassen. Im Falle des Gurkenschnitzlings besteht die auffallende Bereifung aus riesigen, im Mikroskop schön anzusehenden Zellen, den sogenannten Zystiden. Sie haben dem Pilz den Gattungsnamen eingetragen; Macrocystidia bedeutet große Zystiden.

Zystide

- **Juli bis November**
- **1,5–4 cm**
- **kein Speisepilz**

- **Merkmale**
  Hut hell- bis dunkelbraun, oft mit cremefarbenem Rand, auffallend bereift, matt; Lamellen hell fleischfarben, ausgebuchtet angewachsen; Stiel sehr dunkel braun, Basis fast schwarz, auf ganzer Länge bereift, schlank; Geruch penetrant nach Salatgurken oder tranig-fischig

- **Vorkommen**
  an Wegrändern, Rindenmulchbeeten und offenen Stellen

- **Verbreitung**
  an den Küsten selten, sonst sehr häufig

- Juli bis November
- 2–5 cm
- eßbar

Merkmale
Hut bald typisch stumpf gebuckelt, kahl und glatt, fleischbräunlich, zu lederfalb austrocknend, Rand grob gerieft; Lamellen dicklich und entfernt, weißlich, ausgebuchtet; Stiel hart und zäh, glatt, Basis schwarzbraun, Spitze cremefarben; Geruch mit Bittermandelkomponente; Geschmack mild

Vorkommen
auf Rasen und Wiesen

Verbreitung
sehr verbreitet und häufig, nach Regen oft massenhaft

Nelkenschwindling

Marasmius oreades

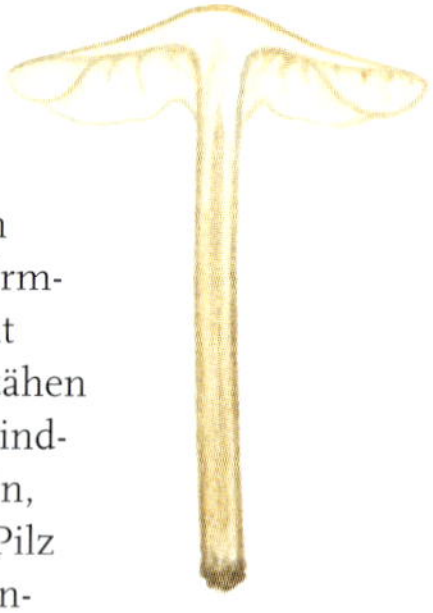

schwarzbraune Stielbasis

In Frankreich wird diese Art Hartfuß genannt. Damit wird eines der besten Merkmale beschrieben, die diesen feinen Speisepilz von giftigen Schirmlingen unterscheiden. Er hat einen wahrlich festen und zähen Stiel. Will man Nelkenschwindlinge für die Küche sammeln, hat man meist den ganzen Pilz in der Hand. Ganz im Gegensatz dazu die kleinen Schirmlinge, deren Stiel und auch das restliche Fleisch zerbrechlich und zart sind. Auch die Lamellen des Nelkenschwindlings sind markant: derb, dicklich und sehr entfernt. Weder Schirmlinge noch Rißpilze besitzen ein solch hervorstechendes Merkmal.

Halsbandschwindling

Marasmius rotula

Kaum ein Pilz ist, trotz seiner Kleinheit, so markant und unverwechselbar charakterisiert wie der Halsbandschwindling. Lediglich das Käsepilzchen *Marasmius bulliardii,* das den gleichen ringförmigen Kragen aufweist, sieht ihm ähnlich. Es ist jedoch noch kleiner und wächst auf toten Blättern. Abgesehen von dem typischen Collar, den nur einige Schwindlinge aufweisen, sind die Merkmale der ganzen Gattung ungewöhnlich homogen. Alle Schwindlinge haben einen abwärts dunkelgefärbten, steifen, zähen, kahlen und glänzenden Stiel. Zusammen mit dem weißen Sporenpulver sind dies Merkmale, die helfen, so unterschiedliche Pilze wie den Nelkenschwindling und den Halsbandschwindling eindeutig als Verwandte zu erkennen.

Die Lamellen sind an einem separaten Ring angewachsen.

- **Mai bis November**
- **0,3–1,5 cm**
- **kein Speisepilz**

- **Merkmale**
  Hut fallschirmartig, weiß, dünn, häutig, gefurcht, kahl, matt; Lamellen gleich lang, sehr entfernt, nicht direkt mit dem Stiel verbunden, sondern an einem separaten Ring (Collar) breit angewachsen; Stiel nur an der Spitze weiß, abwärts schwärzlich, glatt, glänzend
- **Vorkommen**
  an totem Holz und verholzten Pflanzenresten
- **Verbreitung**
  sehr verbreitet und häufig, in allen Biotopen zu finden

- Mai bis November
- 0,5–1,5 cm
- kein Speisepilz

Merkmale
Fruchtkörper dicht rasig in großen Herden wachsend, einzelne Hüte klein, cremefarben bis fleischbräunlich, kahl, matt, nicht oder kaum fleischig, Rand im feuchten Zustand gerieft; Lamellen weißlich-cremefarben, breit angewachsen; Stiel gegen die Basis dunkelbraun, Spitze heller bis weißlich

Vorkommen
an Ästen und Zweigen verschiedener Laubbäume

Verbreitung
überall häufig, in allen Biotopen zu finden

Ästchenschwindling

Marasmiellus ramealis

Mag ein einzelner kleiner Ästchenschwindling auch ein unscheinbarer Vertreter des Pilzreiches sein, so bietet die typische Wuchsform der unverwechselbaren und oft vielhütigen, ganze Äste und Zweige überziehenden Kolonien dieser Pilze ein wirklich beeindruckendes Bild der mannigfachen Formen der Blätterpilzwelt. Wie alle Holzbewohner verwertet der zierliche Weißsporer die Holzbestandteile und zerlegt sie in „mundgerechte Happen“ für zahlreiche Nachfolgeorganismen. Im Gegensatz zu den echten Schwindlingen der Gattung *Marasmius* lebt ein eingetrockneter Ästchenschwindling bei erneuter Wasserzufuhr nicht wieder auf.

ein einzelner Ästchenschwindling

Nadelschwindling
Micromphale perforans

- August bis November
- 1–2 cm
- kein Speisepilz

In der großen Schar der streubewohnenden, kleinen Pilze, die im Herbst bei feuchtem Wetter zu Tausenden den Waldboden besiedeln, mag diese Art vielleicht gar nicht auffallen, doch ein genauerer Blick lohnt sich. Unglaublich groß sind die Unterschiede zwischen den einzelnen Arten, und der Nadelschwindling stellt wahrlich eine Persönlichkeit dar. Jeder einzelne Fruchtkörper sitzt allein auf seiner Fichten- oder Kiefernnadel, und jeder, sei er noch so mickrig, verströmt einen ungemein intensiven Geruch nach einem Eintopf aus faulem Kohl mit Knoblauch. Wer einmal geschnuppert hat, wird ihn sicherlich immer wiedererkennen.

Jeder Pilz sitzt auf seiner eigenen Nadel.

- **Merkmale**
  Hut dünn, lederig-zäh, dunkelbraun bis hornbeige, runzelig-gefurcht; Lamellen entfernt, breit angewachsen oder herablaufend, wie Hut oder heller gefärbt; Stiel fast schwarz, zäh, steif, länger als der Hut breit; Geruch und Geschmack nach faulem Kohl mit Knoblauchkomponente
- **Vorkommen**
  in der Nadelstreu bei Fichten und Kiefern
- **Verbreitung**
  überall häufig, in keinem Nadelwald fehlend

- August bis November
- 2–5 cm
- kein Speisepilz

- **Merkmale**
  Hut vielgestaltig, dunkelbraun, Rand grob gefurcht; Lamellen sehr entfernt, dicklich, breit angewachsen, Farbe wie der Hut, mit auffallend weißen Schneiden; Stiel fast schwarz, besonders im unteren Teil, weißlich bepudert, zäh, steif; Geruch und Geschmack nach verfaulendem Kohl mit Knoblauch
- **Vorkommen**
  auf stark vermorschtem Laubholz
- **Verbreitung**
  ortshäufig, in manchen Gegenden fehlend

Gemeiner Stinkschwindling
Micromphale foetidum

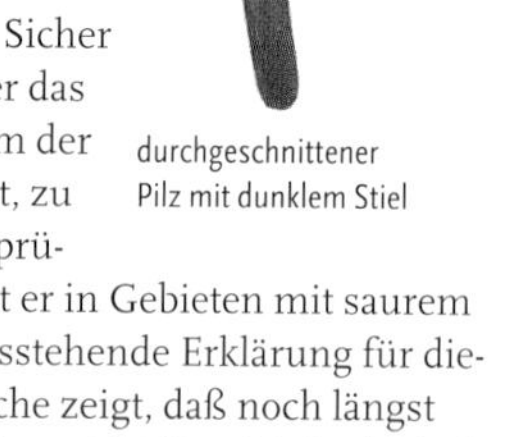

durchgeschnittener Pilz mit dunklem Stiel

Dieser stinkende, braunblättrige Weißsporer wächst nur dort, wo genügend Kalk im Boden ist, obwohl er als Holzbewohner eigentlich keine Ansprüche an die Bodenverhältnisse stellen dürfte. Sicher trägt die Tatsache, daß er das Holz erst im Endstadium der Vermorschung besiedelt, zu diesen besonderen Ansprüchen bei. Jedenfalls fehlt er in Gebieten mit saurem Boden, und die noch ausstehende Erklärung für diese sonderbaren Ansprüche zeigt, daß noch längst nicht alles über Pilze bekannt ist. Der Stinkschwindling ist weder eßbar noch zu verwechseln, denn es gibt keinen Pilz mit der gleichen auffallenden Merkmalskombination.

Purpurfilziger Holzritterling
Tricholomopsis rutilans

- Juli bis November
- 4–12 cm
- kein Speisepilz

Diese Art ist sicherlich eine der schönsten und spektakulärsten unserer Wälder. Betrachtet man junge und alte Fruchtkörper nebeneinander, so hält man es kaum für möglich, daß es sich um eine einzige Art handelt. Junge Pilze sind wegen der geschlossenen Hut- und Stielbekleidung dunkel weinrot, oft fast schwarzrot. Im Verlauf des Wachstums streckt sich diese äußere Haut, reißt dabei vielfach ein und legt das leuchtend gelbe Fleisch frei. Alte Pilze sind oft völlig gelb, zumal dann, wenn die Schüppchen vom Regen abgewaschen wurden. Der Holzritterling besiedelt nur stark vermorschtes, oft vergrabenes Nadelholz.

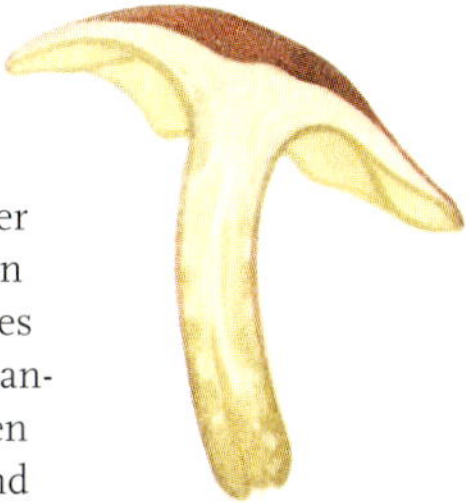

gelbe Lamellen und gelbes Fleisch

- **Merkmale**
  Hut oft stumpf gebuckelt, trocken, matt, auf gelbem Grund feinschuppig; Lamellen gedrängt, gelb, Schneiden stark bewimpert, ausgebuchtet oder breit angewachsen; Stiel mit feinen roten Flöckchen auf gelbem Grund, zylindrisch, voll; Fleisch kompakt, gelb; Geschmack moderig
- **Vorkommen**
  an stark vermorschtem Kiefern- oder Fichtenholz
- **Verbreitung**
  in ganz Europa verbreitet und häufig

- Mai bis Juni
- 5–15 cm
- eßbar

- **Merkmale**
  Hut jung gewölbt, später verflacht, trocken, glatt und seidenmatt, typisch cognacfarben, weichfleischig; Lamellen ockergelblich, dünn, gedrängt, weich und breit, am Stiel ausgerandet angewachsen; Stiel wie Hut gefärbt, berindet, zylindrisch, schlank; Fleisch auffallend weich, cremeweiß
- **Vorkommen**
  an mulchigen Stellen im Wald
- **Verbreitung**
  nicht in allen Gegenden Europas häufig

Frühlings-Weichritterling

Melanoleuca cognata

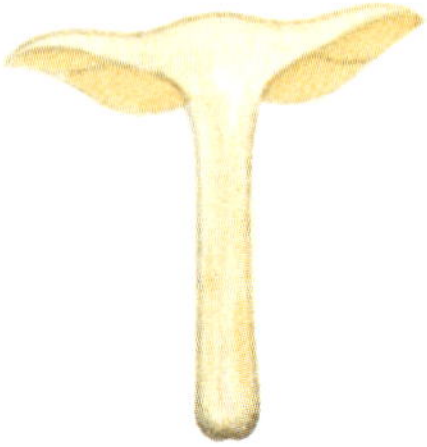

durchgeschnittener Pilz

Der typisch cognacfarbene, mittelgroße bis große Pilz wächst, von wenigen Ausnahmen abgesehen, im Frühjahr. Sein weiterer Volksname Falber Weichritterling bezeichnet die Farbe längst nicht so gut wie der Vergleich mit Cognac, der sich ja auch im wissenschaftlichen Artnamen widerspiegelt. Früher zusammen mit den Ritterlingen in einer Gattung vereinigt, wird die Gattung wegen abweichender Mikromerkmale heute getrennt betrachtet. Ein sehr gutes Kennzeichen hat dieser ausgezeichnete Speisepilz aber mit den Ritterlingen gemeinsam, den „Burggraben", die ausgerandete Stelle des Lamellenansatzes rund um den Stiel.

Grünling

Tricholoma equestre

- September bis November
- 5–12 cm
- eßbar

Obwohl dieser Pilz nicht allzu anspruchsvoll bei der Auswahl seiner Mykorrhizapartner zu sein scheint, wird er zunehmend selten. Nicht umsonst steht er als gefährdet auf der Roten Liste. Die schlüssigen Beweise für seinen Rückgang stehen noch aus, doch dürften übermäßige Stickstoffeinträge sicherlich eine der Hauptursachen sein. Von einigen Fachleuten werden zwei Arten unterschieden: der hier vorgestellte Pilz mit gelbem Fleisch und der Weißfleischige Grünling *Tricholoma auratum*. Für Speisepilzsammler ist dies unerheblich, da der eigentlich wohlschmeckende Grünling ohnehin geschont werden sollte.

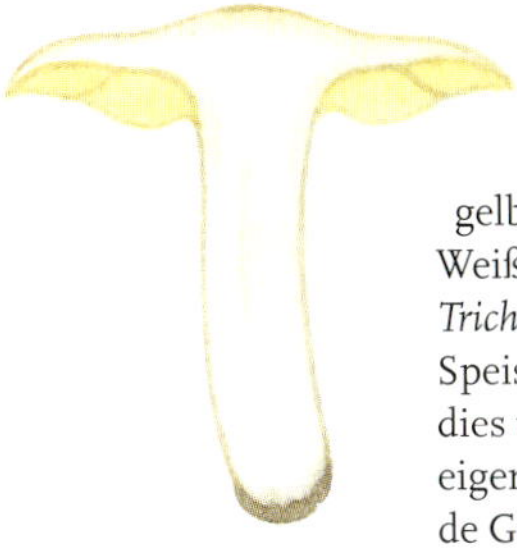

zitronengelbe Lamellen

- **Merkmale**
  Hut gewölbt, bald ausgebreitet-verbogen, Rand lange eingerollt, feucht schmierig und glänzend, trocken matt, mit feinen bräunlichen Schüppchen auf zitronengelbem Grund, fleischig; Lamellen zitronengelb, gedrängt, bauchig, ausgebuchtet; Stiel gelb, berindet, voll; Geruch und Geschmack nach Mehl
- **Vorkommen**
  vornehmlich bei Kiefern auf Sand
- **Verbreitung**
  mancherorts nur noch selten zu finden

- September bis November
- 4–8 cm
- kein Speisepilz

- **Merkmale**
Hut mäßig fleischig, schwefelgelb mit manchmal dunkler bräunlicher und feinstflockiger Hutmitte, trocken, matt; Lamellen schwefelgelb, fast entfernt, ausgebuchtet; Stiel zylindrisch, oft verbogen, voll, schwefelgelb, berindet; Fleisch schwefelgelb; Geruch unangenehm leuchtgasartig

- **Vorkommen**
bei Laubbäumen auf allen Böden

- **Verbreitung**
im nordischen Flachland selten, sonst überall häufig

Schwefelritterling

Tricholoma sulphureum

Er ist der klassische Doppelgänger des Grünlings und sieht nicht nur diesem, sondern auch einigen Schleierlingen auf den ersten Blick ähnlich. Dennoch würde sich eine Beschreibung erübrigen, da sein durchdringender Geruch nach Schwefel und Leuchtgas ihn augenblicklich entlarvt. Das gilt auch für die Varietät mit bräunlichem Hut. Es ist kaum vorstellbar, daß dieser roh giftige, auch gekocht völlig ungenießbare Pilz schon Vergiftungen verursacht hat. In der Literatur wird jedoch von neurologischen Symptomen berichtet. Außerdem enthält er auch einige blutzersetzende Stoffe (Hämolysine).

schwefelgelbes Fleisch

Feinschuppiger Ritterling

Tricholoma imbricatum

schuppiger Hut

Der wissenschaftliche Artname bezeichnet treffend ein markantes Kennzeichen dieses häufigen Kiefernbegleiters; imbricatum bedeutet dachziegelig übereinander. Dies bezieht sich auf die Anordnung der Hutschüppchen. Ansonsten hat der Feinschuppige Ritterling eine Merkmalskombination, die die Bestimmung problemlos ermöglicht: Vorkommen unter Kiefern, trockener, niemals schmieriger, derbfleischig gebuckelter Hut und fehlende Ringzone am oft auffallend langen, bräunenden, vollfleischigen Stiel. In der Literatur sind auch milde Formen beschrieben, die „in kleinen Mengen als Mischpilze" eßbar sein sollen.

- **September bis November**
- **4–10 cm**
- **kein Speisepilz**

- **Merkmale**
  Hut fleischig, dattelbraun, trocken und matt, mit konzentrisch angeordneten, eingewachsenen kleinen Schüppchen; Lamellen cremefarben und rostfleckig, gedrängt, ausgebuchtet; Stiel braun berindet, auf Druck braunfleckend, Spitze weißlich, ohne Ringzone, voll, fest; Geschmack bitter
- **Vorkommen**
  bei Kiefern, gerne auf sauren Böden
- **Verbreitung**
  in allen Kiefernarealen Europas recht häufig

- September bis November
- 4–8 cm
- kein Speisepilz

- **Merkmale**
Hut mäßig fleischig, rotbraun, stets trocken und matt, mit grob wollig-schuppiger Hutbedeckung, Rand bärtig behangen; Lamellen cremefarben und im Alter rostfleckig, gedrängt, ausgebuchtet; Stiel grob braun faserig berindet, hohl und brüchig; Geruch im frischen Schnitt mehlartig; Geschmack bitter

- **Vorkommen**
bei Fichten, gerne auf basischen Böden

- **Verbreitung**
nicht überall häufig

Bärtiger Ritterling

Tricholoma vaccinum

Das Vorkommen unter Fichten, der zottig behangene Hutrand und der hohle Stiel lassen keinen Zweifel an der Identität dieser Art. Lediglich im Alter kann der wollige Hutrand verkahlen, und dann sind Verwechslungen nicht auszuschließen. Im allgemeinen sind die braunen Ritterlinge, und hier besonders die Arten mit schmierigem Hut, nicht immer problemlos zu bestimmen und bereiten selbst Spezialisten gelegentlich Schwierigkeiten. Oft sind sie nur durch die Zugehörigkeit zu einer ganz bestimmten Baumart korrekt zu benennen. Als Beispiel mag der Pappelritterling *Tricholoma populinum* dienen.

noch geschlossener Hut

Seifenritterling

Tricholoma saponaceum

- **September bis November**
- **4–8 cm**
- **kein Speisepilz**

zweifarbige Hutoberfläche

Der recht veränderliche Pilz, dessen Farbpalette von weißlich über grau, grünlich und sogar bräunlich reichen kann, hat schon einige Mykologen dazu herausgefordert, eigenständige Varietäten zu beschreiben. Er weist aber zwei sehr gute Merkmale auf. Zum einen den namensgebenden Waschküchengeruch, der alters- und witterungsbedingt und daher nicht immer ganz deutlich wahrnehmbar ist. Zum anderen fällt die deutliche Zweifarbigkeit des Hutes auf. Fast immer ist der Pilz am Rand deutlich heller als in der Mitte. Ein weiteres Kennzeichen stellt das Röten des Fleisches an verletzten Stellen dar, das jedoch erst nach einiger Zeit, oft nach Stunden, zu sehen ist.

- **Merkmale**
  Hut fleischig, meist mit grauer Grundfarbe, stets trocken, kahl und matt; Lamellen grauweißlich bis cremefarben, etwas entfernt, ausgebuchtet; Stiel blasser als der Hut, zylindrisch, voll, fest, mehr oder minder grob längsfaserig; Geruch nach Seifenlauge; Geschmack mild

- **Vorkommen**
  in Laub- und Nadelwäldern auf allen Böden

- **Verbreitung**
  im norddeutschen Flachland selten, sonst ziemlich häufig

- September bis November
- 3–8 cm
- eßbar

- **Merkmale**
  Hut kegelig oder gewölbt, deutlich gebuckelt, mäßig fleischig, hell-, seltener bis dunkelgrau, trocken und matt; Oberfläche faserig-filzig bis feinschuppig; Lamellen grauweißlich, etwas entfernt, ausgebuchtet; Stiel weißlich, zylindrisch, voll, fest, fast kahl, Basis oft zugespitzt
- **Vorkommen**
  bei Kiefern auf allen Böden
- **Verbreitung**
  in den Kiefernbeständen Europas verbreitet und häufig

Gemeiner Erdritterling

Tricholoma terreum

Tigerritterling
Tricholoma pardalotum

Einsteiger in die Pilzkunde sollten grauhütige Ritterlinge nur mit allergrößter Vorsicht zu Speisezwecken sammeln. Zum einen sind etliche Arten der ganzen Gruppe nur schwer voneinander zu unterscheiden, zum anderen gehört auch der stark giftige Tigerritterling zu ihr. Kennzeichen des Erdritterlings ist, neben dem Vorkommen unter Kiefern, z. B. ein unauffälliger Geruch, während der Tigerritterling sehr deutlich nach Mehl riecht und schmeckt. Letzterer weist auch einen viel kräftigeren Habitus und einen stämmig-keuligen Stiel und eine gröbere Hutbeschuppung auf. Darüber hinaus bevorzugt er außerdem auch eher Laubbäume auf gehaltvollen Böden.

Fichtenzapfen-Nagelschwamm

Strobilurus esculentus

Diese Art zeichnet sich durch ihre Spezialisierung ausschließlich auf Fichtenzapfen und die frühe Erscheinungszeit aus. Die Gattung *Strobilurus* – Nagelschwämme – enthält insgesamt nur drei Arten, von denen zwei streng an Kiefernzapfen gebunden sind. Diese wurden in jüngster Zeit populär, da man aus ihnen Strobilurin isoliert hat. Dieser Stoff findet als biologisches Pflanzenschutzmittel Verwendung. Ein weiterer Blätterpilz, der sowohl Fichten- als auch Kiefernzapfen besiedelt, ist das Mäuseschwänzchen *Baeospora myosura*, das auffallend engstehende Lamellen hat.

Mäuseschwänzchen
Baeospora myosura

- **April bis Mai**
- **1–4 cm**
- **eßbar**

- **Merkmale**
  Hut kahl, zäh-elastisch, hell- bis dunkelbraun, Rand kaum gerieft und oft etwas überstehend; Lamellen blaßgrau, elastisch, fast frei; Stiel schlank und zylindrisch, oft verbogen, steif und zäh, glänzend, an der Spitze weißlich, zur Basis hin zunehmend bräunlich werdend
- **Vorkommen**
  auf vorjährigen, vergrabenen Fichtenzapfen
- **Verbreitung**
  in allen Fichtenarealen ein häufiger Frühjahrspilz

- **Oktober bis März**
- **1–2 cm**
- **kein Speisepilz**

- **Merkmale**
Hut muschelförmig, mit kurzem, scharf abgesetztem Stielansatz seitlich am Substrat angewachsen, weiß, später cremeocker, elastisch-zäh, mit gummiartig dehnbarer Oberhaut; Lamellen weiß bis cremeocker, gedrängt, elastisch, gegen den Stiel scharf abgesetzt

- **Vorkommen**
an frischtoten, noch berindeteten Fichtenstubben, -stämmen und -ästen

- **Verbreitung**
in Mitteleuropa einer der häufigsten Winterpilze

Milder Zwergknäueling

Panellus mitis

Schneidet man den Pilz quer durch, so kann man unter der Lupe deutlich den vierschichtigen Aufbau des Fruchtkörpers erkennen. Unter der oberen, trockenen, feinfilzigen Oberhaut befindet sich eine gallertige, olivbraune, 0,1 mm dicke Schicht, darunter erst das wässrig-weißliche Fleisch und zum Schluß die Lamellen. Sein ebenso verbreiteter Verwandter, der Herbe Zwergknäueling *Panellus stipticus*, hat einen einfacheren Aufbau ohne gelatinöse Zwischenschicht. Er ist bräunlich, trocken, schmeckt pfeffrig-herb und wächst an Eichen. Er erscheint meist in den Sommer- und Herbstmonaten.

Herber Zwergknäueling
Panellus stipticus

Gelbstieliger Muschelseitling

Sarcomyxa serotina

Dieser sehr wechselfarbige, oft freudig gefärbte Seitling dürfte schon häufig mit dem Austernpilz *Pleurotus ostreatus* verwechselt worden sein. Mit diesem kommt er gelegentlich zusammen am selben Buchenstamm vor. Abgesehen davon, daß der Muschelseitling etwas bitter schmeckt, ist diese Verwechslung für den Speisepilzsammler ungefährlich. Ein gutes Kennzeichen stellt der kurze, sehr kompakte, gelbbräunliche Stiel dar, der dem Austernseitling stets fehlt. Beide Arten können als Wundparasiten lebendes Holz befallen, verbringen aber den größten Teil ihres Lebens als Holzzersetzer. Vom Austernseitling gibt es zahlreiche Kultursorten.

Austernpilz *Pleurotus ostreatus*

- **September bis Dezember**
- **4–10 cm**
- **eßbar**

- **Merkmale**
  Hut muschelförmig, in verschiedenen oliv-gelblichen Farben, fleischig und kompakt, glänzend oder matt, mit gelatinöser Zwischenschicht in der Huthaut; Lamellen gelblich, schmal, gedrängt, herablaufend, gegen den Stiel scharf abgesetzt; Stiel exzentrisch, stämmig, gelblich oder gelbbräunlich

- **Vorkommen**
  an Laubholzstämmen und dickeren Ästen

- **Verbreitung**
  häufiger Pilz des Spätherbstes

- August bis November
- 3–8 cm
- eßbar

- **Merkmale**
  Pilz büschelig wachsend, schleimig, elastisch, Rand gerieft, weiß; Lamellen reinweiß, entfernt, breit, bauchig, tief ausgebuchtet und mit Zähnchen herablaufend; Stiel verbogen, weiß, Basis oft dunkler, glasig, mit deutlichem, häutigem Ring, bei älteren Pilzen auch manchmal fehlend
- **Vorkommen**
  an frischtotem, starkem Buchenholz
- **Verbreitung**
  substratabhängig ortshäufig

Buchen-Schleimrübling

Oudemansiella mucida

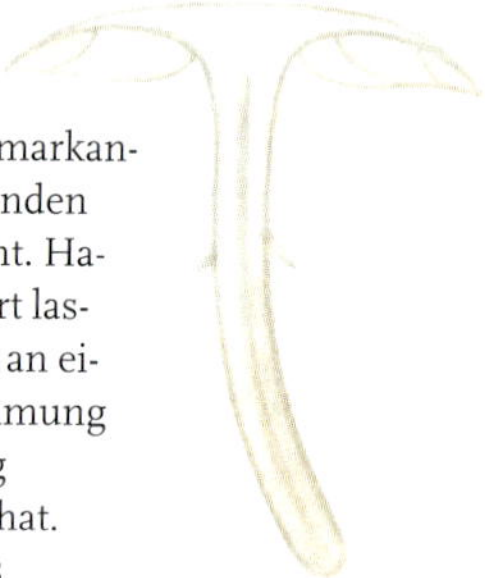

aufgeschnittener Pilz

Sicherlich ist es ein spektakuläres Erlebnis für jeden Pilzfreund, wenn er diesen markanten, nicht zu verwechselnden Pilz zum ersten Mal sieht. Habitus, Farbe und Standort lassen kaum einen Zweifel an einer korrekten Artbestimmung zu, selbst wenn der Ring sich bereits verflüchtigt hat. Aus Reinkulturen dieses schleimigen Holzbewohners hat man in der Slowakei ein Antibiotikum gewonnen, das u. a. bei der Bekämpfung von Hautpilzen eine gewisse Bedeutung erlangte. Wegen des hohen Wassergehaltes und fehlender Aromastoffe ist der glasigweiße Pilz für Speisezwecke kaum brauchbar.

Dehnbarer Helmling

Mycena epiterygia

Dieser Helmling macht seinem Namen alle Ehre. Versucht man den Stiel durchzubrechen, bleibt die Verbindung durch die klebrige, gelatinöse Oberhaut zunächst bestehen. Auch die dickschleimige Hutdeckschicht ist in Form einer extrem dehnbaren Haut abziehbar. Trotz seiner unterschiedlichen Färbung, die von einem hellen Gelb bis zu recht dunklem Oliv reichen kann, läßt sich dieser hübsche, langbeinige Pilz gut erkennen. Dort, wo vermodernde Äste und Holzstückchen auf einem mulmigen Waldboden liegen, ist der Holzbewohner bei feuchter Novemberwitterung recht häufig anzutreffen.

Die Huthaut läßt sich z. B. mit einer Pinzette stark dehnen.

- **September bis Dezember**
- **1–2 cm**
- **kein Speisepilz**

- **Merkmale**
  Hut mit auffällig gelbgrünlichen Farben und schleimig-klebriger, dicker, gummiartig dehnbarer Oberhaut; Lamellen weiß, ausgebuchtet, Schneide mit einer feinen Pinzette oder einer Nadel als zäher Faden abziehbar; Stiel schlank, wie der Hut gefärbt, stark schleimig-klebrig
- **Vorkommen**
  stets in Verbindung mit Holz, einzeln bis gesellig
- **Verbreitung**
  in ganz Europa verbreitet und häufig

- Mai bis Dezember
- 2–6 cm
- eßbar

- **Merkmale**
Hut kegelig, oft mit stumpfem Buckel, trocken, Rand grob gerieft, in hellen Grau- oder Brauntönen; Lamellen ausgebuchtet, mäßig entfernt, lange weißlich, später mit rosa Ton; Stiel lang und dünn, glatt, kahl, hohl, etwas heller als der Hut, trocken, Basis weißstriegelig; Geruch gurkenähnlich; Geschmack nach Mehl

- **Vorkommen**
stets büschelig auf totem Holz

- **Verbreitung**
in ganz Europa verbreitet und häufig

Rosablättriger Helmling

Mycena galericulata

rosa Lamellen

Dieser Helmling ist eine der häufigsten Pilzarten, die fast ganzjährig gesellig an Holz, besonders an alten Stubben, anzutreffen sind. Er wird von Einsteigern oft verkannt, da sich die namensgebende Rosafärbung der Lamellen erst beim völlig reifen Fruchtkörper einstellt. Darüber hinaus ist der Pilz, der einer der größten der Gattung ist, ziemlich variabel und tritt in mannigfachen Erscheinungsformen auf. Ein sehr gutes Merkmal stellt der steife, völlig glatte, trockene Stiel dar, der immer länger ist als der Hut breit. Obwohl die Hüte wohlschmeckend sind, wird der Rosablättrige Helmling kaum zu Speisezwecken gesammelt.

Weißmilchender Helmling

Mycena galopus

- **Juli bis Dezember**
- **1–2 cm**
- **kein Speisepilz**

Auf den ersten Blick scheint dieser langbeinige Helmling zu den unauffälligen und unbestimmbaren Pilzarten zu gehören. Dieser Eindruck täuscht jedoch, da er ein ausgezeichnetes Merkmal besitzt, das auch dem Anfänger die Zuordnung ermöglicht. Dies ist sein weißer Milchsaft, der bei Verletzung als Tropfen aus dem Stiel herausquillt. Der wissenschaftliche Name verrät schon dieses gute Kennzeichen; galopus bedeutet Milchfuß. Einige weitere milchende Helmlinge weisen wässrigen, gelben oder roten Milchsaft auf. Ebenso häufig und von ganz ähnlichem Aussehen ist der Rotmilchende Helmling *Mycena sanguinolenta* mit roter Milch. Er kommt an den gleichen Standorten vor.

Aus einem verletzten Stiel tritt sofort ein Tropfen weißer Milch hervor.

- **Merkmale**
  Hut kegelig, oft mit stumpfem Buckel, trocken, Rand deutlich gerieft, hell- bis dunkelgrau; Lamellen am Stiel ausgebuchtet, bauchig, mäßig entfernt, weißlich oder hellgrau; Stiel lang und dünn, kahl, wie Hut gefärbt oder etwas heller, trocken, bei Verletzung einen weißen Milchsaft absondernd
- **Vorkommen**
  in Gruppen in der Laub- und Nadelstreu
- **Verbreitung**
  in ganz Europa verbreitet und häufig

- Juli bis Dezember
- 2–7 cm
- giftig

- **Merkmale**
  Hut violett, rosa bis fast weißlich und sogar gelblich gefärbt, Rand gerieft, Hutdeckschicht beim Austrocknen zweifarbig werdend; Lamellen weißlich oder blaß in der Farbe des Hutes getönt, entfernt, ausgebuchtet; Stiel glatt, kahl, hohl, wie Hut gefärbt; Geruch und Geschmack stark rettichartig
- **Vorkommen**
  in Laub- und Nadelwäldern in der Bodenstreu
- **Verbreitung**
  in ganz Europa verbreitet und häufig

Rettichhelmling

Mycena pura

Das Ausmaß seiner Giftwirkung ist etwas umstritten. Es wurde zwar Muskarin nachgewiesen, aber in wesentlich geringerer Menge als in Rißpilzen oder weißen Trichterlingen. Trotz seiner variablen Färbung ist der Rettichhelmling sehr gut zu erkennen, allein schon wegen seines auffallenden Rettichgeruches. Es gibt noch einige Verwandte, die mit der vorgestellten Art den Rettichgeruch gemein haben. Sie sind jedoch wesentlich seltener, aber ebenfalls giftig. Einer der häufigeren davon ist der Schwarzgezähnelte Rettichhelmling *Mycena pelianthina*, der allerdings düsterer gefärbt ist und auf Kalkboden vorkommt.

Schwarzgezähnelter Rettichhelmling *Mycena pelianthina*

Klebriger Helmling

Mycena vulgaris

Der kleine graubraune Helmling besiedelt in großen Scharen den Boden von Laub- und Nadelwäldern. Ein markantes Kennzeichen unterscheidet ihn einfach von anderen Arten: Sein schlüpfriger Stiel entzieht sich leicht dem Zugriff, so daß man ihn daher schon beim Aufnehmen erkennt. In Verbindung mit dem trockenen Hut und den herablaufenden Lamellen ist das eine Merkmalskombination, die ihn unverwechselbar macht. Es gibt noch einen weiteren grauen Helmling mit herablaufenden Lamellen, nämlich den Aschgrauen Helmling *Mycena cinerella*. Dieser hat jedoch einen trockenen Stiel und riecht stark nach Mehl.

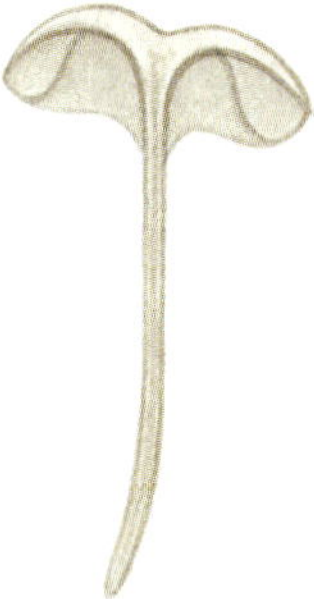

Aschgrauer Helmling
Mycena cinerella

- **Oktober bis Dezember**
- **0,5–1,5 cm**
- **kein Speisepilz**

- **Merkmale**
  Hut flach kegelig, oft mit eingedellter Mitte, alt ausgebreitet, trocken, Rand grob gerieft, in hellen bis dunklen Graubrauntönen; Lamellen am Stiel breit angewachsen und etwas herablaufend, ziemlich entfernt, hellgrau, Schneide als Faden ablösbar; Stiel kahl, glasig, schleimig-klebrig
- **Vorkommen**
  in Laub- und Nadelwäldern in der Bodenstreu
- **Verbreitung**
  überall ein häufiger, kleiner Massenpilz

- Mai bis September
- 5–15 cm
- kein Speisepilz

- **Merkmale**
  Hut schon bald verflacht, trocken, grob eingewachsen radialfaserig, auffallend dünnfleischig, rußbraun, Hutrand oft gespalten; Lamellen sehr breit, entfernt, ausgebuchtet, derb; Stiel gerade, zäh, berindet, graubraun, Basis dunkler als die Spitze, mit Myzelsträngen

- **Vorkommen**
  auf morschem Holz in allen Biotopen

- **Verbreitung**
  in Mitteleuropa eine der häufigsten Pilzarten überhaupt

Breitblättriger Rübling

Megacollybia platyphylla

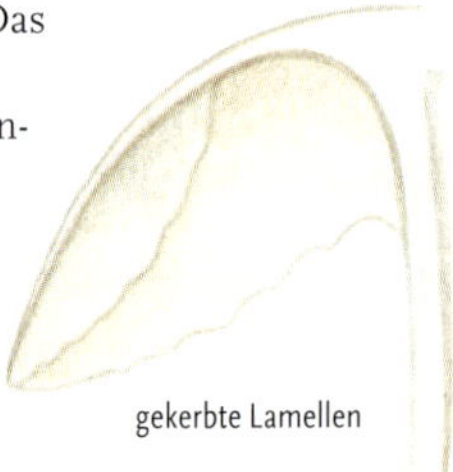

gekerbte Lamellen

Nur Haut und Knochen: Das dünne, knorpelige, zähe, etwas bitterlich schmeckende Fleisch lädt nicht gerade zu kulinarischen Experimenten ein, obwohl der besonders im Frühsommer wachsende Pilz durchaus eßbar wäre. Der trist gefärbte Rübling steht mit seinen bis zu 50 cm langen weißen Myzelsträngen immer in Verbindung mit abgestorbenem Holz und wächst nur scheinbar auf der Erde. Dreht man einen Fruchtkörper um, stellt man häufig eine Menge flüchtender Insekten fest. Dabei handelt es sich meist um Springschwänze (Collembola), die in den knorpeligen Lamellen einen idealen Unterschlupf finden.

Frostschneckling

Hygrophorus hypothejus

- September bis Dezember
- 2–7 cm
- eßbar

Der Vegetationskörper dieses Pilzes benötigt leichten Frost als Auslöser für die Fruchtkörperbildung. Diese erscheinen dann, besonders unter Jungkiefern auf sandigen Böden, in riesiger Anzahl. Das gibt Gelegenheit, die erstaunliche Variationsbreite dieses dennoch gut kenntlichen Mykorrhizapilzes zu studieren. Der Speisepilzsammler, der die ergiebigen Schätze bergen möchte, kann dabei zwei Erfahrungen machen. Zum einen läßt sich der Pilz kaum pflücken, da sich die stark schleimigen Stiele jedem Zugriff entziehen, zum anderen ist sein Geschmack eher nur durchschnittlich. Giftige Doppelgänger hat er allerdings keine.

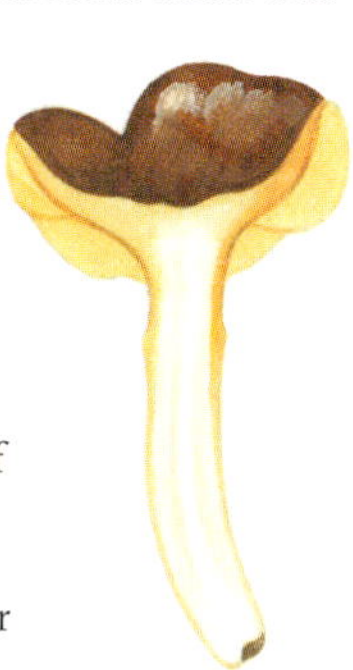

aufgeschnittener Pilz

Merkmale
Hut jung gebuckelt, schon frühzeitig verflacht oder verbogen, olivbräunlich mit gelben Beitönen, diese besonders im Alter, feucht schleimig, glatt, glänzend; Lamellen dicklich, entfernt, gelb, herablaufend; Stiel stark schleimig, oft ziemlich lang, intensiv gelblich

Vorkommen
unter Kiefern auf sauren, sandigen Böden

Verbreitung
im Nordwesten Deutschlands seltener, sonst verbreitet bis ortshäufig

- September bis Dezember
- 2–7 cm
- eßbar

- **Merkmale**
  Hut jung gewölbt oder gebuckelt, schon bald verflacht oder verbogen, Rand lange eingerollt, einheitlich zitronengelb, schmierig, eingewachsen faserig, glänzend; Lamellen dicklich, entfernt, gelb, herablaufend; Stiel schmierig, gelblich, Spitze heller, manchmal fast weißlich
- **Vorkommen**
  bisher nur unter Lärchen festgestellt
- **Verbreitung**
  ortshäufig und in jungen Lärchenarealen gelegentlich ein Massenpilz

Lärchenschneckling

Hygrophorus lucorum

Zahlreiche Schnecklinge sind streng an bestimmte Baumarten gebunden, so auch dieser. Die Lärche ist der einzige Mykorrhizapartner, den er akzeptiert. An den Boden stellt er weniger große Ansprüche, liebt aber einen gewissen Kalkanteil. Dort, wo die Lärche forstlich oder landschaftsgestalterisch gefördert wird, ist der leicht kenntliche und unverwechselbare goldgelbe Pilz nicht selten. Sulfovanillin, eine in der wissenschaftlichen Pilzkunde häufig gebrauchte Lösung aus Vanillin und Schwefelsäure, färbt das gelbe Fleisch dieses Pilzes violett.

Schwarzpunktierter Schneckling

Hygrophorus pustulatus

- September bis Dezember
- 2–5 cm
- eßbar

Das namensgebende Merkmal, die feinen schwarzen bzw. schwarzbraunen Pusteln auf dem Stiel, ist längst nicht immer so deutlich ausgeprägt, wie sich dies Einsteiger in die Pilzkunde vielleicht erhoffen. Gelegentlich können einige der Stiele des gesellig auftretenden Pilzes sogar nackt erscheinen und offenbaren ihre Pusteln nur unter der Lupe. Verwechslungsmöglichkeiten bestehen mit zwei weiteren, ebenfalls nicht giftigen Fichtenbegleitern. Mit dem Fichtenschneckling *Hygrophorus piceae*, der völlig weiß und schleimig ist, sowie mit dem größeren Duftschneckling *Hygrophorus agathosmus*, der stark nach Marzipan riecht.

Duftschneckling
Hygrophorus agathosmus

- **Merkmale**
  Hut gewölbt mit herabgebogenem Rand, bald verflacht oder trichterförmig vertieft, meist trocken und eingewachsen faserig, Mitte faserschuppig aufbrechend, silbergrau mit gelegentlich graubrauner Mitte; Lamellen weiß, dicklich, entfernt, herablaufend; Stiel weiß mit feinen schwarzen Schüppchen punktiert
- **Vorkommen**
  ausschließlich unter Fichten
- **Verbreitung**
  häufig und in ganz Europa verbreitet

- September bis November
- 2–5 cm
- kein Speisepilz

- **Merkmale**
  Hut halbkugelig, später flach gewölbt, leuchtend rot, glatt, glänzend, feucht etwas klebrig; Lamellen breit angewachsen, dicklich, entfernt, blutrot mit gelblichen Schneiden; Stiel trocken, kahl, wie Hut gefärbt, aber mit orangegelber Basis, hohl

- **Vorkommen**
  auf nährstoffarmen, artenreichen sowie baumlosen Wiesen

- **Verbreitung**
  in ganz Mitteleuropa verbreitet, aber nicht mehr häufig

Kirschroter Saftling

Hygrocybe coccinea

Dieser auffallend gefärbte Saftling ist akut bedroht, da sein Lebensraum immer weiter schwindet. Magerwiesen fallen entweder mehr und mehr der Intensivlandwirtschaft zum Opfer oder sie verbuschen, da sie aus Gründen unbefriedigender Rentabilität nicht mehr überall gemäht werden. Sicher gehört dieser Saftling ebenso wie seine Gattungsgenossen zu den am meisten gefährdeten Pilzarten und steht mit Recht auf der Roten Liste.
Obwohl er eßbar ist, sollte er daher nicht als Speisepilz betrachtet werden.
Wer jemals den farbenfrohen Reichtum auf einer noch intakten Saftlingswiese genießen durfte, der wird sicher ein besonderes Augenmerk auf Themen des Artenschutzes legen.

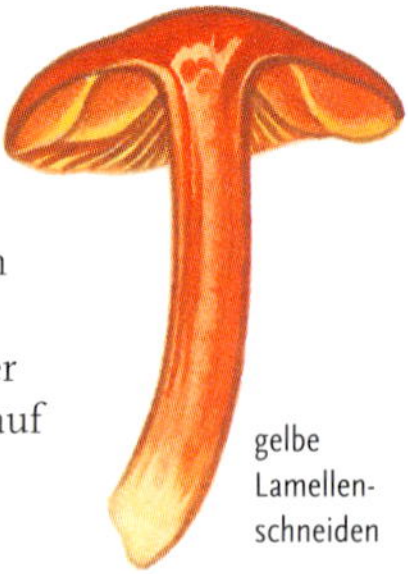

gelbe Lamellenschneiden

Kegeliger Saftling

Hygrocybe conica

- September bis November
- 3–7 cm
- kein Speisepilz

Diesem Saftling kann man häufig auf kurzgeschorenen, etwas moosigen Rasenflächen, z. B. in Vorgärten, in Parks oder auch auf Friedhöfen begegnen. Dort bietet er ein auffälliges Bild, zumal dann, wenn sowohl junge, leuchtend rot oder gelborange gefärbte und völlig schwarze Fruchtkörper beieinander stehen. Wie die meisten Saftlinge verträgt er weder Dünger noch Schatten. Die auffällige Art hat noch einen weiteren Volksnamen, Schwärzender Saftling. Diese Bezeichnung ist viel besser geeignet, sich sein markantestes Merkmal, die Schwarzverfärbung, einzuprägen.

Ältere Pilze verfärben sich schwarz.

- **Merkmale**
  Hut kegelig, feucht etwas klebrig, sonst trocken glänzend, radialfaserig, anfangs rot bis gelblich, bald schwärzend; Lamellen gelblich bis orange, ausgebuchtet, etwas entfernt, schwärzend; Stiel glasig-gelblich, längsfaserig, schmierig, schwärzend
- **Vorkommen**
  auf nährstoffarmen Wiesen und in ungedüngten Park- und Rasenanlagen
- **Verbreitung**
  in Europa verbreitet, aber zurückgehend

- **September bis November**
- **2–4 cm**
- **kein Speisepilz**

- **Merkmale**
Hut halbkugelig, dann flach gewölbt, manchmal gebuckelt, gelb, grün, rot, orange oder blau, glatt, schleimig, glänzend; Lamellen ausgebuchtet angewachsen, dicklich, entfernt, gelb, orangegelb bis grün; Stiel schleimig, im oberen Teil meist grünlich, an der Basis oft gelblich

- **Vorkommen**
auf nährstoffarmen Wiesen, in Parks und Rasenflächen

- **Verbreitung**
in Europa verbreitet und nicht selten

Papageien-Saftling

Hygrocybe psittacina

Kaum eine Pilzart macht ihrem Namen soviel Ehre wie dieser bunte Clown. Die Vermutung liegt nahe, daß er wegen seiner unterschiedlichen Färbung schwer zu bestimmen sein müßte. Das ist aber nicht so, da er ein gutes Kennzeichen aufweist: An der Ansatzstelle zwischen Stielspitze und Lamellen ist immer eine grüne Zone im Bereich der Ausbuchtung der Lamellen vorhanden. Auch wenn der ganze Pilz ansonsten gelb gefärbt ist, bleibt diese grüne Stelle zu sehen. Kein anderer Glaskopf, so werden die Saftlinge wegen ihres glasigen Fleisches auch noch genannt, hat dieses Merkmal. Wie alle Saftlinge ist auch diese Art geschützt.

ein gelbes Exemplar

Schneeweißer Ellerling

Hygrocybe virginea

Er ist ein typischer, leicht kenntlicher und häufiger Bewohner der immer seltener werdenden baumlosen Magerwiesen und wird, obwohl eßbar und schmackhaft, kaum zu Speisezwecken gesammelt. Seine in allen Teilen mehr oder minder weiße oder glasig-weiße Färbung (virgineus bedeutet rein weiß, jungfräulich), der bei Feuchtigkeit etwas klebrige Hut und der unauffällige Geruch lassen Verwechslungen kaum zu. Eine ähnliche, allerdings kleinere und zierlichere Art ist der Juchtenellerling *Chamarophyllus russocoriaceus.* Er unterscheidet sich durch einen strengen Geruch nach Juchtenleder oder Zedernholz und ist auch ziemlich selten.

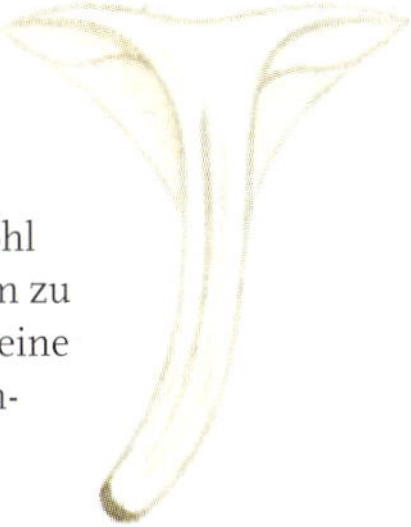

aufgeschnittener Pilz mit hohlem Stiel

- **September bis Dezember**
- **2–4 cm**
- **eßbar**

- **Merkmale**
  Hut, Lamellen und Stiel mit insgesamt weißer, cremeweißlicher oder glasig-weißer Färbung; Lamellen dicklich und entfernt, breit angewachsen bis herablaufend; Stiel hohl, zylindrisch
- **Vorkommen**
  gruppenweise oder gesellig auf ungedüngten Magerwiesen
- **Verbreitung**
  in ganz Europa verbreitet, aber stark zurückgehend

- November bis März
- 3–6 cm
- eßbar

- **Merkmale**
  meist büschelig wachsend, Hut gewölbt bis verflacht oder niedergedrückt, glatt und schleimig-glänzend, gelb; Lamellen blaß gelblich, etwas entfernt, tief ausgebuchtet; Stiel dunkelbraun bis schwarzbraun, Spitze heller, besonders im unteren Teil auffallend samtig-matt, verbogen

- **Vorkommen**
  an abgestorbenem Holz, besonders von Weiden

- **Verbreitung**
  in ganz Mitteleuropa ein häufiger Winterpilz

Samtfußrübling

Flammulina velutipes

Der auffallende gelbe Pilz ist einer der wenigen echten Winterpilze. Er fruchtet erst nach dem ersten Frost, übersteht auch extreme Minustemperaturen und setzt nach dem Auftauen das Wachstum fort. Der Samtfußrübling besiedelt alle möglichen Laubholzarten, bevorzugt aber Weiden. In Auwäldern ist er im Winter regelmäßig anzutreffen. Er erfreut sich großer Beliebtheit als Speisepilz, da man ihn kaum verwechseln kann und es zu dieser Zeit fast keine anderen Speisepilze gibt. Die Art ist leicht zu kultivieren. Oft genügt es schon, die Schnittfläche von Weidenholz leicht mit einem Fruchtkörper einzureiben.

Der Samtfußrübling ist ein Winterpilz.

Knopfstieliger Rübling

Collybia confluens

- **Juni bis Oktober**
- **2–4 cm**
- **kein Speisepilz**

Das namensgebende Merkmal dieser Art läßt sich nur erkennen, wenn man den Pilz köpft. Wird der Hut vom Stiel getrennt, indem man ihn zwischen zwei Fingern nach oben abzieht, bleibt am oberen Ende des Stieles ein typischer knopfförmiger Rest des Hutfleisches zurück. Besonders auffällig ist das stets büschelige Wachstum dieses überaus häufigen Rüblings. Die Hexenringe und Reihen, die bei dieser Art regelmäßig beobachtet werden können, bestehen nicht aus Einzelfruchtkörpern, sondern aus Büscheln von meist 5–15 Exemplaren, die an der Basis weißfilzig miteinander verbunden sind.

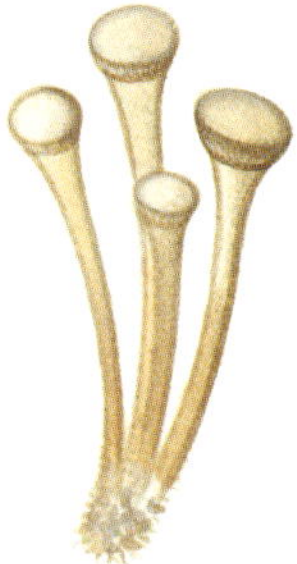

Nach dem Köpfen der Pilze bleibt ein knopfartiger Rest am Stiel zurück.

Merkmale
Hut gewölbt bis flach, dünnfleischig bis häutig, matt, etwas radialfaserig, feucht einheitlich mittel- bis blaß rotbraun, trocken cremefalb; Lamellen auffallend gedrängt, schmal, hell graubeige, tief ausgebuchtet; Stiel rotbraun, weißfilzig, berindet; Geruch und Geschmack angenehm aromatisch

Vorkommen
büschelig in der Bodenstreu von Wäldern

Verbreitung
in ganz Mitteleuropa häufig

- August bis Dezember
- 3–6 cm
- eßbar

Merkmale
Hut dünnfleischig bis häutig, kahl, glatt und fettig glänzend, vom Rand her ausblassend (hygrophan); Farbe im feuchten Zustand dunkel rotbraun, trocken lederfalb; Lamellen weiß, dünn, gedrängt, ausgebuchtet; Stiel hohl, etwas keulig aufgeblasen, Basis weißfilzig, sonst wie Hut gefärbt

Vorkommen
in Wäldern, in der Bodenstreu

Verbreitung
in ganz Europa nirgends fehlend

Butterrübling

Collybia butyracea

Der namensgebende Hinweis auf die Butter bezieht sich mehr auf die glatte, fettglänzende Huthaut als auf die eher bescheidenen kulinarischen Qualitäten dieses dünnfleischigen Pilzes. Er scheint nur aus Haut und Knochen zu bestehen. Eine völlig untergeordnete Bedeutung kommt bei der Bestimmung der Hutfarbe zu. Außer der typisch rotbraun gefärbten Form gibt es noch eine graue Varietät, die als Horngrauer Rübling *Collybia asema* beschrieben ist. Tatsächlich treten bei der Ausfärbung der Huthaut aber alle möglichen Übergänge auf, so daß diese Aufspaltung in zwei Arten weder gerechtfertigt noch möglich ist.

Horngrauer Rübling
Collybia asema

Waldfreund-Rübling

Collybia dryophila

- **April bis Dezember**
- **2–6 cm**
- **eßbar**

Seine Bestimmung ist eine der leichtesten und schwierigsten Übungen zugleich. Während sich Einsteiger in den unterschiedlichen Hutfarben und -formen verlieren könnten, erkennen erfahrene Pilzfreunde den äußerst veränderlichen Waldfreund-Rübling ganz einfach am arttypischen Lamellenbild. Ein ausgezeichnetes Merkmal ist auch der glatte, farblich vor den mäßig dichtstehenden, kaum bauchigen, weißen Lamellen bemerkenswert kontrastierende Stiel. Für die kulinarische Verwendung hat der Waldfreund-Rübling höchstens mittelmäßige Qualität, so daß ein unnötiges Risiko kaum lohnt.

Der verwandte Rotstielige Rübling *Collybia marasmioides* hat einen roten Stiel.

Merkmale
Hut dünnfleischig, kahl, glatt; Hutfarbe äußerst variabel, von kastanienbraun über ockergelblich bis zu fast weiß; Lamellen weiß, dünn, kaum bauchig, ausgebuchtet; Stiel hohl, zylindrisch, zäh, Basis etwas weißfilzig, sonst wie Hut gefärbt

Vorkommen
in Wäldern und an offenen, grasigen Stellen, in der Bodenstreu und an Wegrändern

Verbreitung
in ganz Europa ausgesprochen häufig und gemein

- Juli bis Oktober
- 3–7 cm
- kein Speisepilz

- **Merkmale**
Hut dünnfleischig, kahl, glatt, kastanienbraun, später verblaßt und braun gefleckt; Stiel dunkelbraun oder blasser, glatt, verdreht, zäh, lang spindelig wurzelnd; Lamellen fleischbräunlich, ausgebuchtet, Schneiden etwas heller

- **Vorkommen**
an der Stammbasis lebender oder toter Eichen

- **Verbreitung**
nördlich der schwedischen Verbreitungsgrenze der Eichen fehlend, sonst häufig

Spindeliger Rübling

Collybia fusipes

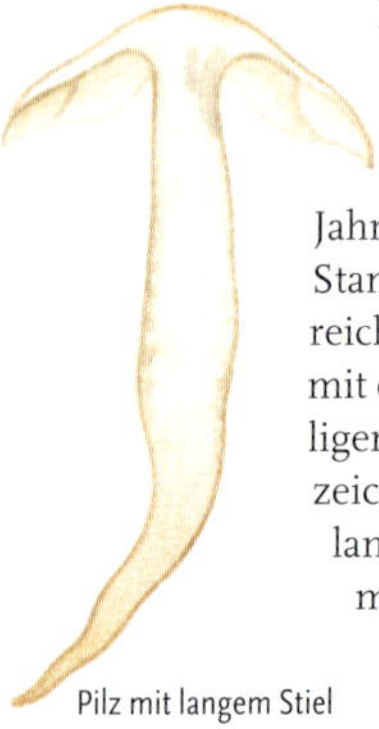

Pilz mit langem Stiel

Diese stets büschelig wachsende Art kann als Parasit lebende Bäume befallen und harrt noch am toten Baum viele Jahre aus. Sein Vorkommen am Stammgrund und im Wurzelbereich von Eichen in Verbindung mit dem tief wurzelnden, spindeligen Stiel sind untrügliche Kennzeichen dieses zähfleischigen, langlebigen Blätterpilzes. Sofern man die im Boden verborgene Stielbasis übersieht, sind Verwechslungen mit dem Gefleckten Rübling *Collybia maculata* möglich. Für Speisezwecke kommen die recht fade schmeckenden und sehr zähen Fruchtkörper eigentlich nicht in Betracht, auch wenn der Pilz nicht giftig ist.

Kaffeebrauner Gabeltrichterling

Pseudoclitocybe cyathiformis

- September bis November
- 4–8 cm
- eßbar

Kaum ein Pilz stellt so unspezifische Ansprüche an seinen Lebensraum wie dieser. Ob Wegränder oder Wälder, Ruderalstellen oder Moore, magere oder überdüngte Stellen, saurer oder basenreicher Boden, alles ist ihm recht. Dort, wo er in größeren Gruppen erscheint, kann man seine bemerkenswerte Verwandlung vom schwarzen, schlaksigen Babykreisling bis zum typisch kaffeebraunen Bechertrichterling verfolgen. Von den echten Trichterlingen unterscheidet er sich außer durch den hochbeinigen Habitus durch die gegabelten, am Grund oft aderig verbundenen, niemals weißen Lamellen.

graubraune Lamellen

Merkmale
Hut lange gleichmäßig kreisrund, tief trichterig, anfangs fast schwarz, im Verlaufe des Wachstums die typisch kaffeebraune Farbe annehmend, Rand lange eingerollt, nicht gerieft; Lamellen schmutzig graubeige, herablaufend; Stiel lang und schlank, wie Hut gefärbt, mit typisch faseriger Netzzeichnung

Vorkommen
in den verschiedensten Biotopen

Verbreitung
in Europa nirgends fehlend

- **April bis Juni**
- **4–12 cm**
- **eßbar**

- **Merkmale**
Hut halbkugelig bis polsterförmig, dick- und festfleischig, kompakt, weißlich bis cremefarben; Lamellen schmal, gedrängt, weißlich, breit angewachsen oder etwas ausgebuchtet; Stiel zylindrisch, cremefarben, voll, fest; Geruch und Geschmack stark nach Mehl

- **Vorkommen**
in Auwäldern, an Waldrändern, auch im Gras in Baumnähe

- **Verbreitung**
in ganz Europa verbreitet und häufig

Maipilz, Georgsritterling

Calocybe gambosa

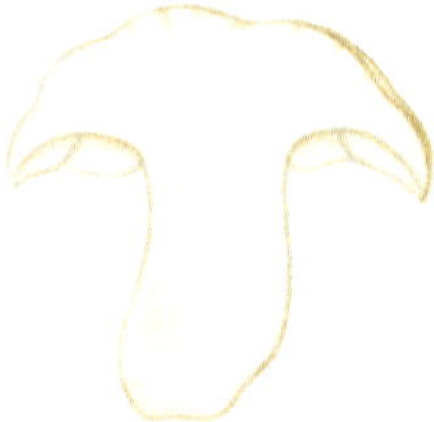

weißes, kompaktes Fleisch und weiße Lamellen

Die frühe Erscheinungszeit (um St. Georg, 23. April), der kompakte Wuchs und der starke Mehlgeruch machen Verwechslungen mit Giftpilzen unwahrscheinlich. Obwohl sein oft zitierter Doppelgänger, der Ziegelrote Rißpilz, zur gleichen Zeit erscheint, unterscheidet er sich doch erheblich durch seine radialfaserige Huthaut, den braunen Sporenstaub und den kegelhütigen Habitus. Viel wahrscheinlicher wäre eine Verwechslung mit dem Schildrötling oder mit einem Weichritterling, die beide ebenfalls eßbar sind. Der Maipilz ist wegen seines aufdringlichen Geschmacks als Speisepilz nicht jedermanns Sache.

Nebelkappe, Nebelgrauer Trichterling

Clitocybe nebularis

- **September bis Dezember**
- **5–20 cm**
- **kein Speisepilz**

Er hat einen treffenden Volksnamen, ist doch sein Hut düster grau wie Novembernebel gefärbt. Er galt in früherer Zeit als Speisepilz und wurde auf Märkten in Massen als „Herbstblattl" gehandelt. In jüngerer Zeit sind berechtigte Zweifel an der Genießbarkeit aufgekommen, und er wird von vielen Menschen nicht vertragen. Für diejenigen, die die Nebelkappe dennoch essen möchten, dürfte ihr giftiger Doppelgänger interessant sein. Der Riesenrötling *Entoloma sinuatum* kann täuschend ähnlich aussehen. Seine Lamellen sind jedoch erst gelb, dann rosa gefärbt, er ist viel seltener und bevorzugt Kalkboden.

Riesenrötling
Entoloma sinuatum

Merkmale
Hut kompakt und fleischig, Rand lange eingerollt, glatt oder weiß bereift, nebelgrau, meist wolkig gemasert; Lamellen cremefarben, gedrängt, am Stiel breit angewachsen oder etwas herablaufend; Stiel keulig, voll, fest, blaßgrau; Geruch aufdringlich süßlich mit Mehlkomponente; Geschmack nach Mehl

Vorkommen
in Wäldern, gerne an mulchigen Stellen

Verbreitung
in ganz Europa ein Massenpilz

- September bis November
- 8–30 cm
- eßbar

- **Merkmale**
  Hut trichterig vertieft und meist mit Buckel in der Mitte des Trichters, cremeockerlich, matt; Lamellen cremefarben bis blaßocker, gedrängt, am Stiel deutlich herablaufend; Stiel zylindrisch, elastisch, voll, wie Hut gefärbt; Geruch mit Bittermandelkomponente
- **Vorkommen**
  in Reihen und Ringen in Wäldern, gerne auf Kalkboden
- **Verbreitung**
  in Süddeutschland häufig, nach Norden zu seltener

Mönchskopf

Clitocybe geotropa

Diese Art kann stattliche Ausmaße annehmen. Sie gehört zu den größten Pilzen überhaupt, und ein Hexenring von 10 m Durchmesser bietet einen imposanten Anblick. Früher wurden die großen Formen als Riesenmönchskopf *Clitocybe maxima* getrennt betrachtet, doch ist diese Auffassung nicht haltbar. Diese großen Formen können dem Riesenkrempentrichterling *Leucopaxillus giganteus* recht ähnlich sehen, der jedoch im Grasland und nicht im Wald wächst. Der Mönchskopf ist jung ein guter Speisepilz; alt wird er zäh, kann aber gut zerkleinert auch dann noch verwendet werden.

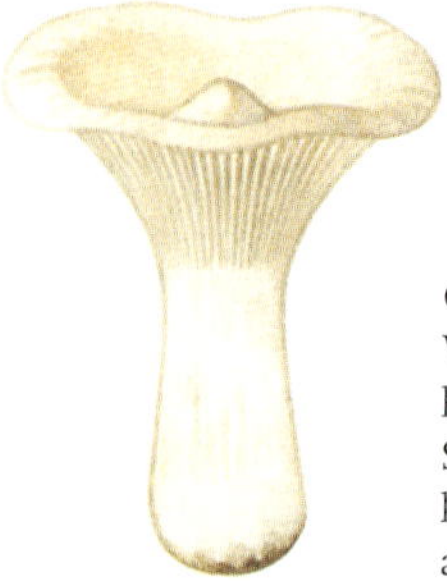

Pilz mit Buckel im Trichter

Keulenfußtrichterling

Clitocybe clavipes

Mit seiner meist stark keulenförmig aufgetriebenen Stielbasis macht dieser Pilz seinem Namen alle Ehre und ist daher kaum verwechselbar. Obwohl die Mykorrhizabindung innerhalb der Gattung *Clitocybe* noch nicht ganz aufgeklärt ist, scheint der Keulenfußtrichterling streng an Nadelbäume gebunden zu sein. Angaben über den Speisewert gehen weit auseinander. Die Palette reicht von giftig, mit Alkohol unverträglich bis eßbar. Gifte wurden jedoch bisher nicht nachgewiesen. Bei den wenigen gemeldeten Vergiftungsfällen dürfte es sich daher wahrscheinlich um individuelle Unverträglichkeiten handeln.

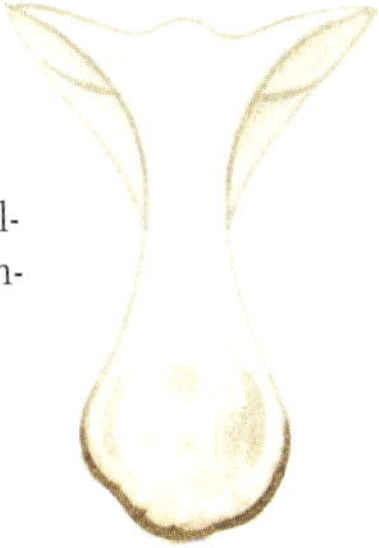

durchgeschnittener Pilz mit hohlem Stiel

- **Juli bis Oktober**
- **3–7 cm**
- **kein Speisepilz**

- **Merkmale**
  Hut oft flach mit unauffällig bräunlichen Farben und trockener, glatter Oberhaut; Lamellen weiß, breit und weit am Stiel herablaufend; Stiel etwas heller als der Hut, hohl und an der Basis keulig aufgetrieben; Geruch und Geschmack angenehm pilzartig-würzig
- **Vorkommen**
  bei Kiefern auf saurem Boden, gerne an lichten Stellen
- **Verbreitung**
  in ganz Europa flächendeckend verbreitet und häufig

- August bis November
- 3–8 cm
- eßbar

- **Merkmale**
Hut bald niedergedrückt oder flatterig verbogen, dünnfleischig, elastisch, eingewachsen radialfaserig, blaugrün, später verblassend; Lamellen mit blaugrünem Ton, meist blasser als der Hut, gedrängt, herablaufend; Stiel blaß blaugrün, elastisch, glatt; Geruch und Geschmack intensiv nach Anis

- **Vorkommen**
in Wäldern, besonders gerne bei Buchen

- **Verbreitung**
in ganz Europa sehr häufig

Grüner Anistrichterling

Clitocybe odora

Das beste Merkmal dieses unverwechselbaren Pilzes geht schon aus seinem wissenschaftlichen Artnamen hervor; odoratus bedeutet wohlriechend, duftend. In der Tat duftet dieser Pilz so intensiv nach Anis, daß man ihn auch dann noch erkennt, wenn die Fruchtkörper völlig verblaßt sind. Über seinen Genußwert kann man streiten. Schon wenige Fruchtkörper lassen das ganze Gericht nach Anis schmekken. Es gibt einen weiteren, ebenso häufigen Trichterling mit ähnlich intensivem Anisgeruch, den Dufttrichterling *Clitocybe fragrans*. Dieser ist aber braun gefärbt, nicht eßbar und wächst gerne an grasigen Stellen.

Dufttrichterling
Clitocybe fragrans

Feldtrichterling

Clitocybe dealbata

- **Juni bis November**
- **2–5 cm**
- **giftig**

Er gehört ebenso wie seine oft nur schwer zu unterscheidenden weißen Verwandten zu den sehr giftigen Pilzen. Sein Muskaringehalt ist recht hoch und eine Vergiftung kann ziemlich ernsthaft sein. Alle weißen Trichterlinge müssen als sehr giftig gelten und jeder Pilzsammler sollte sie unbedingt kennen, will er weiße Speisepilze sammeln. Ist auch der Geruch der einzelnen Arten unterschiedlich (nach Mehl, nach Scheunenstaub oder säuerlich), so zeichnet sich die ganze Gruppe doch durch sehr dünnes, elastisches Fleisch und weiße Lamellen aus. Der Stiel weist niemals einen Ring auf, das Sporenpulver ist weiß.

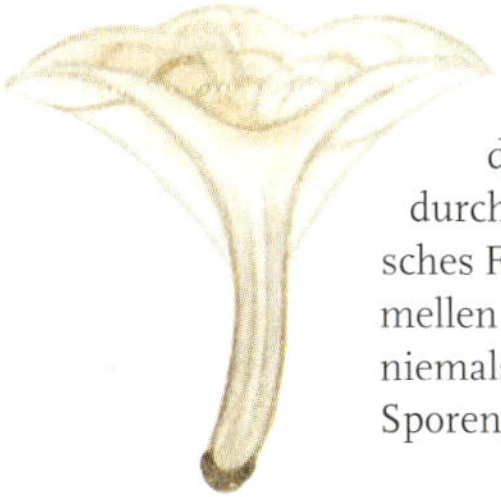

durchgeschnittener Pilz

- **Merkmale**
  Hut bald trichterig und flatterig-verbogen, feucht glatt und gerieft, trocken firnisartig bereift, weiß bis grau- oder cremeweiß; Lamellen weiß, schmal, gedrängt, am Stiel herablaufend; Stiel zylindrisch, elastisch, glatt, weiß, ohne Ring
- **Vorkommen**
  gesellig und in Hexenringen an grasigen Stellen, aber stets in der Nähe von Bäumen
- **Verbreitung**
  in Europa zerstreut bis ortshäufig

- Juli bis Oktober
- 3–7 cm
- eßbar

- **Merkmale**
  Hut im Schnitt meist kreiselförmig und fleischig, weißlich, trocken, kahl, matt, auffallend mürbe; Lamellen zunächst weißlich, bald rosa, gedrängt, weit herablaufend; Stiel weiß, voll, kahl, mürbe; Geruch und Geschmack stark mehlartig

- **Vorkommen**
  in Wäldern und an Waldrändern, gerne bei Fichten an offenen Stellen

- **Verbreitung**
  im norddeutschen Flachland selten, nach Süden zu sehr häufig

Mehlräsling

Clitopilus prunulus

Seine Standortvorliebe hat ihm einen Ruf als Steinpilzzeiger eingetragen. Trotz des hohen kulinarischen Wertes ist er einer der kritischen Speisepilze. Einsteiger sollten wegen der Verwechslungsgefahr mit giftigen weißen Trichterlingen den Pilz entweder ganz meiden oder aber die Merkmale genauestens prüfen: rosa Lamellen und dickes, auffallend mürbes und brüchiges Fleisch. Trichterlinge hingegen sind elastisch-dünnfleischig und haben niemals rosa Lamellen. Auch der starke Mehlgeruch ist bei weißen Trichterlingen nicht zu beobachten. Diesem Merkmal hat der Pilz übrigens auch seinen sehr treffenden französischen Volksnamen, Le Meunier = der Müller, zu verdanken.

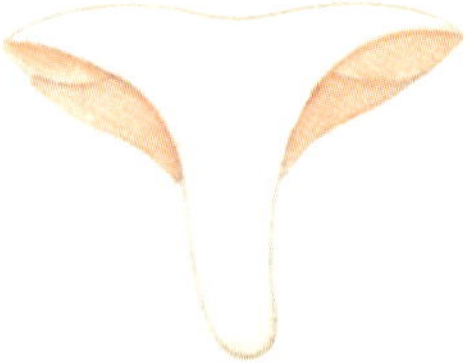

weißes Fleisch und rosa Lamellen

Weißer Rasling

Lyophyllum connatum

- Juni bis November
- 3–10 cm
- kein Speisepilz

Sein eigentümlicher Duft trug ihm den weiteren Volksnamen, Lerchenspornrasling, ein. Der appetitlich weiße Pilz galt früher als eßbar und war bei manchen Sammlern wegen seines Wohlgeschmacks recht beliebt. Doch hat man vor einigen Jahren mit Lyophyllin einen Inhaltsstoff gefunden, der im Tierversuch kanzerogen wirkt. Ob die krebsauslösende Wirkung auch beim Menschen zu befürchten ist, ist noch nicht schlüssig erwiesen. Vorsichtshalber muß jedoch vom Genuß abgeraten werden. Auch die Verwechslungsgefahr mit giftigen weißen Trichterlingen läßt sich nicht von der Hand weisen. Diese wachsen aber nicht büschelig.

durchgeschnittener Pilz

Merkmale
Hut weißlich, firnisartig bereift, matt, glatt; Lamellen weiß bis cremefarben, ablösbar, schmal, dicht stehend, etwas herablaufend; Stiel weiß, glatt, fest, meist verbogen; Geruch nach Lerchenspornblüten; Geschmack mild

Vorkommen
büschelig in oft dichtem Rasen, an lichten, grasigen Stellen in Wäldern, entlang von Wegen und Bachufern

Verbreitung
ortshäufig und stellenweise Massenvorkommen bildend

- Juni bis Oktober
- 3–7 cm
- eßbar

Ockerbrauner Trichterling

Clitocybe gibba

In der typischen Form ist diese Art gut zu erkennen und kaum zu verwechseln. Oft findet man jedoch flatterig verbogene Fruchtkörper, die mit den gleichmäßig kreiselförmigen Pilzen kaum etwas gemein zu haben scheinen. Am besten läßt sich die Variationsbreite des Ockerbraunen Trichterlings an Massenvorkommen mit jungen und alten Fruchtkörpern studieren. Der Buckel in der Mitte des Trichters ist meist nur bei jungen Pilzen gut zu erkennen. Wo sich die Erscheinungszeit mit der des meist später auftretenden, auch eßbaren Fuchsigen Trichterlings überschneidet, sind Verwechslungen mit diesem ohne weiteres möglich.

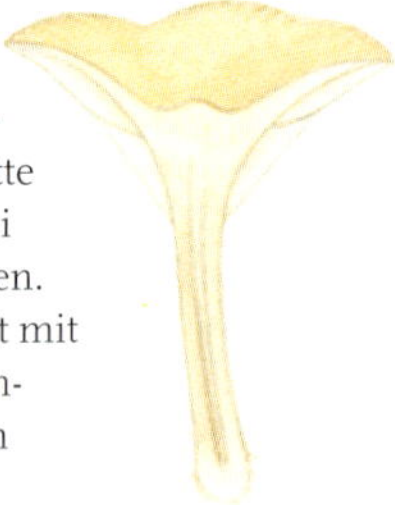

Der durchgeschnittene Pilz zeigt deutlich den Buckel in der Hutmitte.

- **Merkmale**
  Hut kreiselförmig, trichterig vertieft und mit typischem Höcker, glatt, ockergelblich bis -bräunlich; Lamellen weißlich bis cremefarben, schmal, gedrängt, weit herablaufend; Stiel cremefarben, Basis striegelig und meist mit verfilzten Substratresten; Geruch und Geschmack angenehm pilzartig
- **Vorkommen**
  gesellig in der Bodenstreu von Nadel- und Laubwäldern
- **Verbreitung**
  in ganz Europa sehr häufig

Fuchsiger Röteltrichterling

Lepista flaccida

- August bis Januar
- 4–10 cm
- eßbar

Die hier dargestellte Nadelwaldform läßt sich gut bestimmen. Mit den dunklen, fuchsigen Farben und dem massenhaften Auftreten ist sie im Spätherbst aspektbildend und bedeckt oft ganze Flächen in der Bodenstreu. Die Fruchtkörper sind recht langlebig und bis in den Januar hinein zu finden. Dennoch dürfte es sich hier um einen der meistverkannten Speisepilze handeln. Die Laubwaldform ist wesentlich heller gefärbt und wurde früher getrennt betrachtet. Ähnlich sieht auch der Wasserfleckige Trichterling *Lepista gilva* aus. Da aber keine der genannten Arten giftig ist, sind Verwechslungen unbedenklich.

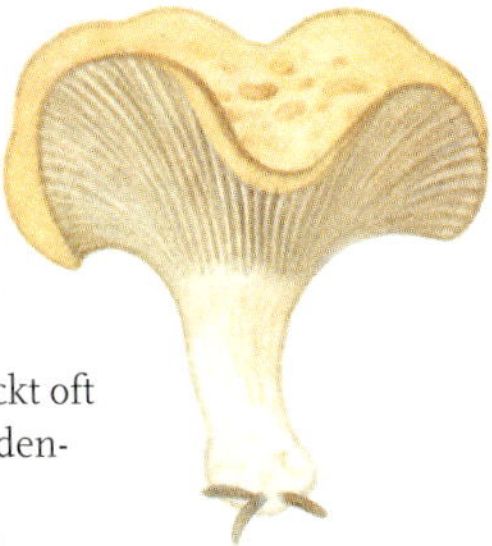

Wasserfleckiger Trichterling
Lepista gilva

Merkmale
Hut von Anfang an trichterig-vertieft, dünnfleischig, unregelmäßig flatterig, fuchsbräunlich bis ockergelblich, kahl, trocken und glatt, etwas radialfaserig-zäh; Lamellen gedrängt und dünn, am Stiel herablaufend, heller als der Hut; Stiel kürzer als der Hut, ohne Ring, Basis striegelig-filzig

Vorkommen
oft massenhaft in der Streuschicht von Laub- und Nadelwäldern

Verbreitung
in ganz Europa sehr häufig

- September bis Dezember
- 5–12 cm
- eßbar

- **Merkmale**
  Hut violett oder violett-bräunlich, trocken, glatt, glänzend oder matt, fleischig; Lamellen eng stehend, dünn, intensiv violett. Stiel ebenfalls violett, Basis etwas verdickt, glatt oder fein bereift, ohne Ring; Fleisch kompakt, violett; Geruch und Geschmack parfümartig-aromatisch
- **Vorkommen**
  in der Waldbodenstreu, besonders an mulchigen, humosen Stellen
- **Verbreitung**
  in ganz Europa sehr häufig

Violetter Rötelritterling

Lepista nuda

Der „Blaue Ritter" ist ein Streubewohner und Folgezersetzer. Pflückt man ihn, so bleiben regelmäßig Reste der vom weißen Myzel durchwachsenen Streu an der Stielbasis hängen. Er ist einer der wenigen Speisepilze, die keine giftigen Doppelgänger haben und sich daher einer großen Beliebtheit erfreuen, obwohl sein starkes Aroma sicherlich nicht jedem zusagt. Einige Schleierlinge können eine gewisse Ähnlichkeit haben, unterscheiden sich jedoch durch braunes Sporenpulver und, zumindest erwachsen, braune Lamellen. Außerdem weisen diese Arten im jungen Zustand einen Schleier zwischen Hut und Stiel auf.

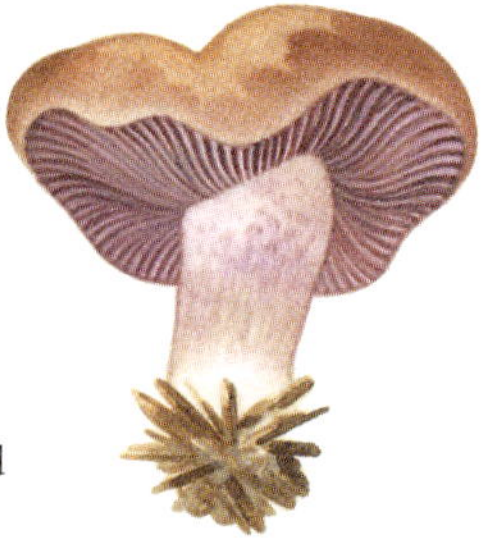

Pilz mit bräunlichem Hut

Violetter Lacktrichterling, Bläuling

Laccaria amethystina

- August bis November
- 2–4 cm
- eßbar

Als Speisepilz ist der Bläuling sicher nicht sehr lohnend, doch verleiht er wegen seiner violetten Farbe jedem Pilzgericht eine interessante Note. Diese Farbe kann stark verblassen, besonders auf der Oberseite. Die Lamellen bleiben aber immer deutlich violett. Nach dem Reaktorunfall von Tschernobyl wurden in diesem Pilz regional stark schwankende, insgesamt erhöhte Werte an Cäsiumisotopen festgestellt. Es gibt noch eine verwandte, aber seltenere Art mit fleischrötlichem Hut, violetten Lamellen und einer violetten Stielbasis. Hierbei handelt es sich um den Zweifarbigen Lacktrichterling.

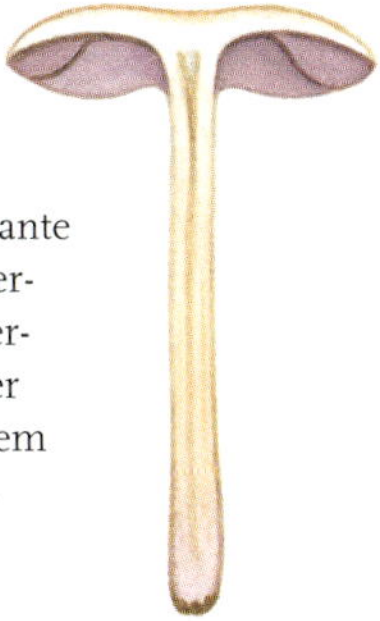

Zweifarbiger Lacktrichterling
Laccaria bicolor

- **Merkmale**
  Hut gewölbt, am Ende flatterig hochgebogen, Rand im feuchten Zustand gerieft, im Alter oft grob gefurcht, intensiv bis blaß violett; Lamellen dicklich und entfernt, gerade angewachsen, intensiv violett; Stiel violett, im Vergleich zum Hut recht lang, etwas zäh, glatt, oft verdreht, Basis etwas weißfilzig
- **Vorkommen**
  in Laub- und Nadelwäldern auf allen Böden
- **Verbreitung**
  in ganz Europa flächendeckend häufig

- August bis November
- 2–4 cm
- eßbar

- **Merkmale**
  Hut anfangs gewölbt, später flach, Rand im feuchten Zustand etwas gerieft, im Alter oft grob gefurcht, fleischrötlich bis blaß fleischfarben; Lamellen dicklich und ziemlich entfernt, gerade angewachsen, fleischfarben; Stiel im Vergleich zum Hut recht lang, etwas zäh, glatt, oft verdreht, wie Hut gefärbt
- **Vorkommen**
  in Laub- und Nadelwäldern auf allen Böden
- **Verbreitung**
  in ganz Europa verbreitet und häufig

Rötlicher Lacktrichterling

Laccaria laccata

Er ist ausgesprochen variabel, so daß man manchmal meinen könnte, verschiedene Arten gefunden zu haben. Die von Kopf bis Fuß mehr oder minder fleischrötliche Färbung, der glatte Hut und die dicklichen Lamellen kennzeichnen ihn aber sehr gut. Deutlich unterschiedlich ist hingegen der Braunrote Lacktrichterling *Laccaria proxima* mit einem feinschuppigen, dunkler fleischbraunen Hut, einem braunroten, steifen, langen Stiel und violettlichen Lamellen. Er wächst an feuchten Stellen im Moos, besonders gerne in der Nähe von Kiefern, und kann bis zu 12 cm hoch werden. Alle Lacktrichterlinge sind ungiftig und haben weißes Sporenpulver.

Braunroter Lacktrichterling
Laccaria proxima

Amiant-Körnchenschirmling

Cystoderma amiantinum

- Juni bis November
- 2–4 cm
- kein Speisepilz

Woher dieser Pilz seinen Namen hat, ist nicht so einfach nachzuvollziehen. Im Lexikon erfährt man, daß es sich bei Amiant um ein langfaseriges, grasgrünes, biegsames, seidenglänzendes Mineral handelt. Nichts davon paßt auf diesen ausnehmend hübschen, gelben, matten, weiß gezähnten und auch sonst eindeutig charakterisierten Pilz. Vermutlich hatte das Wort für den Erstbeschreiber eine ganz andere Bedeutung: Johannes A. Scopoli war Professor für Mineralogie und beschrieb anno 1772 75 Pilzarten aus Bergwerken. Diesen fand er wohl auf dem Gelände eines Amiantbergwerkes.

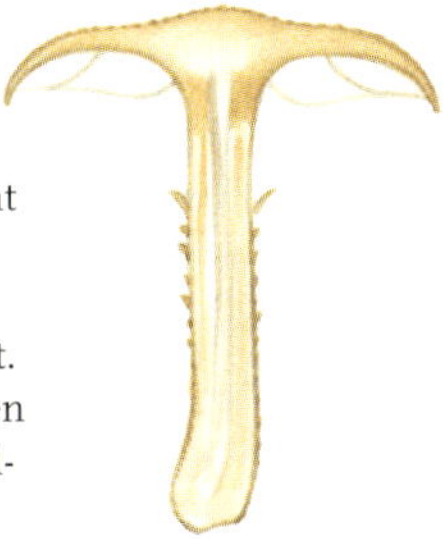

durchgeschnittener Pilz

Merkmale
Hut gewölbt oder gebuckelt, in verschiedenen Gelbtönen, trocken, kahl, matt, oft gerunzelt; Rand jung von weißen Velumzähnchen behangen; Lamellen hellgelb, breit, bauchig, schmal angeheftet, fast frei; Stiel unterhalb des häutigen, aber vergänglichen Ringes grob gelbbraun-schuppig

Vorkommen
auf Wiesen und Weiden, in Nadelwäldern

Verbreitung
Verbreitung überall sehr häufig

- Mai bis November
- 8–20 cm
- giftig

- **Merkmale**
  Hut stark eingerollt, hell- bis dunkelbraun; Lamellen gedrängt, gelblich bis olivocker, bei Berührung bräunend; Stiel kompakt, zylindrisch oder zur Basis verjüngt, gelbbraun, nach Berührung rasch bräunend; Fleisch blaß ockerlich, aber rasch rötlichbraun verfärbend; Geruch und Geschmack säuerlich
- **Vorkommen**
  an offenen Stellen in der Nähe von Bäumen
- **Verbreitung**
  in ganz Eurasien überaus häufig

Kahler Krempling

Paxillus involutus

Kaum ein Pilz hat wohl schon derart kontroverse Dikussionen um seinen Speisewert oder um seine Giftigkeit hervorgerufen wie der Kahle Krempling. Während er in Osteuropa, allerdings nur nach äußerst gründlichem Garen, nach wie vor einer der meistverzehrten Pilze sein dürfte, gilt er in Westeuropa seit einigen Jahren als tödlich giftig. Ursache für die Giftwirkung sind hitzelabile Substanzen, die in Einzelfällen eine allergieartige Reaktion hervorrufen und schon Todesfälle verursacht haben sollen. Eine ganz ähnliche, ebenfalls giftige Art ist der Erlenkrempling *Paxillus rubicundulus*, ein Mykorrhizapartner der Erle.

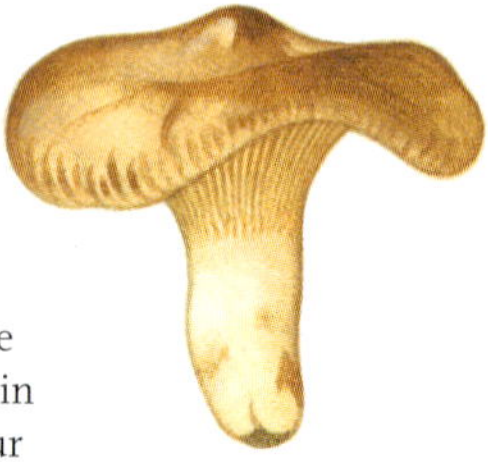

Bei älteren Pilzen ist der Hutrand gerippt.

Falscher Pfifferling

Hygrophoropsis aurantiaca

- Juni bis November
- 3–6 cm
- kein Speisepilz

Das beste Unterscheidungsmerkmal zum vollfleischigen Pfifferling sind die dichten, orangegelben Lamellen und das etwas lederige und dünne Fleisch. Die Literaturangaben zum Speisewert gehen weit auseinander. Die Palette reicht von geschmacklos-fade bis zu giftverdächtig und ernsthafte Verdauungsstörungen verursachend. In jedem Fall dürfte die Verwechslung mit dem Pfifferling keine ernsten Gesundheitsstörungen nach sich ziehen. Strenggenommen gehört die stark eisenhaltige Art gar nicht zu den Lamellenpilzen, sondern ist näher mit den Röhrlingen verwandt.

deutliche Lamellen, hohler Stiel

Merkmale
Hut dünnfleischig, orange- bis dottergelb; Lamellen dicht stehend, dünn, gelegentlich gegabelt, etwas am Stiel herablaufend; Stiel orangegelb, hohl, steif, glatt; Fleisch weich, dünn, cremefarben bis gelblich; Geruch etwas unangenehm krautig; Geschmack fade

Vorkommen
in Nadel- und Mischwäldern auf allen Böden

Verbreitung
in ganz Europa ausgesprochen häufig und nirgends fehlend

- Juni bis Oktober
- 2–7 cm
- eßbar

- **Merkmale**
  Hut voll, fest und gelb; Leisten dicklich, entfernt, oft gegabelt, herablaufend und übergangslos in den Stiel mündend; Stiel gelb, voll, fest, glatt; Fleisch fest, im Hut bis 1,5 cm dick, rahmgelb; Geruch angenehm fruchtig; Geschmack nach einigen Sekunden pfeffrig-scharf

- **Vorkommen**
  in Laub- und Nadelwäldern auf allen Böden

- **Verbreitung**
  früher ein sehr häufiger Massenpilz, heute recht selten

Pfifferling

Cantharellus cibarius

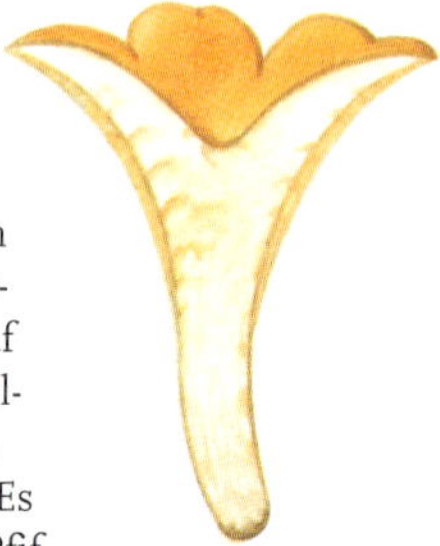

volles, weißes Fleisch und dünne Leisten

Die pfeffrige Schärfe gab ihm den Namen (Pfefferling). Der Begleiter verschiedener Laub- und Nadelbäume ist recht selten geworden und steht mittlerweile sogar als gefährdet auf der Roten Liste. Ob Sammelverbote indes sinnvoll sind, wird kontrovers diskutiert. Es ist nachgewiesen, daß der Pfifferling auch dort verschwunden ist, wo überhaupt nicht gesammelt wird. Den Pilz, der im Buchenwald größere und heller gefärbte Fruchtkörper bildet als im Nadelwald, kann man am ehesten mit dem Falschen Pfifferling verwechseln (s. Seite 151). Dieser hat aber deutliche Lamellen, ist mehr orangegelb gefärbt und schmeckt fade.

Trompetenpfifferling

Cantharellus tubaeformis

Die intensiv gelben Stiele dieser recht variablen Art sind meist in der Bodenstreu verborgen, so daß sie recht unauffällig erscheint. Pilzsucher, die sie aber erst einmal entdeckt haben, stellen oft ein ergiebiges Massenvorkommen fest, so daß die Suche für Speisezwecke lohnt. Ein Doppelgänger, der sich aber durch seinen stark obstartigen Geruch unterscheidet, ist der viel seltenere Starkriechende Leistling *Cantharellus xanthopus*. Insgesamt gibt es in der Gattung *Cantharellus* (Pfifferlinge) ca. zehn Arten. Sie sind alle Mykorrhizapilze und in ihrem Bestand entweder stark rückgängig oder aber schon gefährdet.

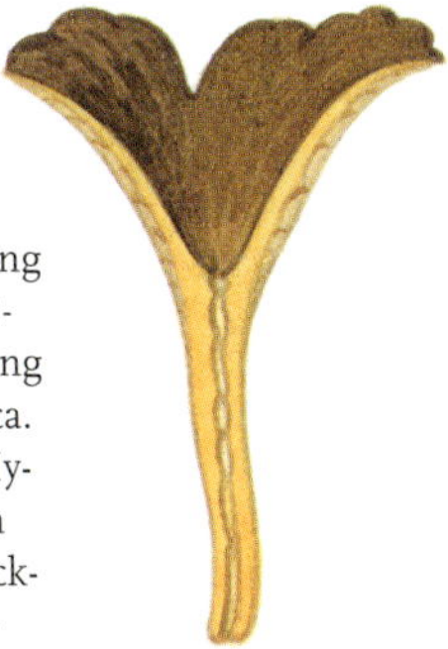

durchgeschnittener Pilz

- **September bis November**
- **2–10 cm**
- **eßbar**

- **Merkmale**
  Hut kartonfarben, am Rand grob gefurcht, sonst kahl, stark trichterig vertieft und daher wie durchbohrt erscheinend; Leisten schmal, herablaufend, dicklich, hellgrau und elastisch; Stiel leuchtend gelb, hohl, oft seitlich eingedrückt, glatt und nackt; Fleisch dünn, etwas zäh

- **Vorkommen**
  in Laub- und Nadelwäldern

- **Verbreitung**
  häufiger Pilz des Spätherbstes, vor allem auf besseren Böden

- September bis November
- 4–10 cm
- eßbar

- **Merkmale**
  Fruchtkörper füllhornförmig mit nach außen umgeschlagenem Rand, Innenseite schwarz oder dunkelgrau, kahl oder eingewachsen-faserig, glänzend, Außenseite heller grau, matt und runzelig, die schwach ausgebildeten Leisten gehen übergangslos in den Stiel über; Fleisch dünn, lederig-zäh
- **Vorkommen**
  unter Buchen auf kalkhaltigen Böden
- **Verbreitung**
  ortshäufig, in manchen Jahren ein Massenpilz

Totentrompete, Herbsttrompete

Craterellus cornucopioides

durchgeschnittener Pilz

Die Totentrompete hat so markante Merkmale, daß sie eigentlich nicht zu verwechseln ist. Der wissenschaftliche Artname bezeichnet die Form treffend; cornucopioides bedeutet füllhornförmig. Hat man den düsteren, unauffälligen Pilz erst einmal entdeckt, lassen sich gelegentlich große Mengen finden und als Vorrat trocknen (beste Konservierungsmethode). Ein ausgezeichneter, aromatischer Speisepilz, der aber in manchen Gegenden fehlt und unbedingt kalkhaltigen oder basischen, gehaltvollen Boden benötigt. Der Name Totentrompete rührt von der Erscheinungszeit her, den Totengedenktagen im November.

Semmelstoppelpilz

Hydnum repandum

Wegen seines unverwechselbaren Habitus, der semmelgelben Grundfarbe und den Stacheln auf der Hutunterseite läßt sich der Pilz gut erkennen. Es gibt auch Formen mit mehr orangerötlicher Färbung und fast weiße Formen, außerdem eine Unterart mit Safthyphen, die beim Zerschneiden einen rötlichen Saft absondert. Der Semmelstoppelpilz ist ein kaum zu verwechselnder, im jungen Zustand ausgezeichneter Speisepilz. Leider wird, wie bei vielen anderen Mykorrhizapilzen auch, sein Bestand deutlich kleiner. Als kalk- oder basenliebender Pilz zieht er sich bei zunehmender Oberflächenversauerung zurück.

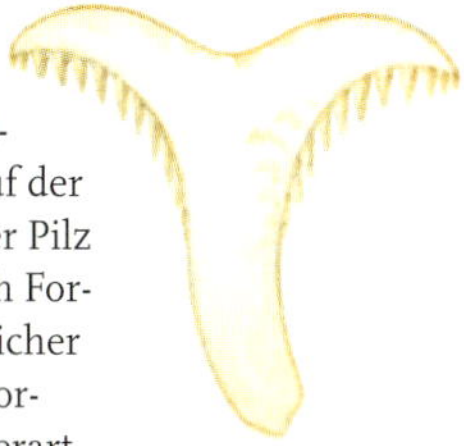

durchgeschnittener Pilz mit Stacheln an der Hutunterseite

- **August bis November**
- **3–10 cm**
- **eßbar**

- **Merkmale**
  Hut semmel- bis orangegelb, auch fast weißlich, unregelmäßig polsterförmig, Unterseite dicht mit 0,3 – 1 cm langen gelblichen Stacheln besetzt; Stiel cremegelblich, glatt, oft exzentrisch; Fleisch cremegelblich, anfangs fest, später mürbe; Geschmack mild, im Alter bitterlich
- **Vorkommen**
  in Laubwäldern, gerne auf basischen Böden
- **Verbreitung**
  weit verbreitet, aber deutlich zurückgehend

- ganzjährig
- 1–3 cm
- kein Speisepilz

- **Merkmale**
  Hut rundlich, nierenförmig oder unregelmäßig, meist dunkelbraun, aber auch heller kartonbraun oder zweifarbig, zäh und derb, Oberseite filzig-behaart und trocken, Unterseite dicht mit bräunlichen Stacheln besetzt; Stiel seitlich angewachsen, braun, steif, knorpelig, grob filzig
- **Vorkommen**
  ausschließlich auf Kiefernzapfen
- **Verbreitung**
  in Kiefernwäldern sehr häufig, aber oft übersehen

Ohrlöffelstacheling

Auriscalpium vulgare

Der kleine, braune, zähe, seitlich gestielte Stachelpilz läßt sich bei gezielter Suche regelmäßig antreffen. Er wächst ausschließlich auf vorjährigen Kiefernzapfen, die ganz oder teilweise im Boden vergraben sind. Obwohl die Färbung dieses hübschen Pilzes variabel sein kann und von hell beige bis hin zu schokoladenbraun reicht, ist der Pilz eigentlich nicht zu verwechseln. Er bewirkt durch den Ligninabbau, daß die verholzten Pflanzenteile wieder in Humus zurückverwandelt werden. Sein Name bezieht sich auf die Ähnlichkeit mit dem früher gebräuchlichen Ohrlöffel.

zwei Ohrlöffelstachelinge auf ihrem Kiefernzapfen

Grasgrüner Birkentäubling

Russula aeruginea

- Juli bis Oktober
- 4–10 cm
- eßbar

Obwohl dieser Täubling sowohl mild als auch scharf sein kann, ist er durch seine grünen Farben, die zumindest bei normaler Witterung schmierig-glänzende Hutoberfläche und das Vorkommen unter Birken gut gekennzeichnet. Ähnlich sieht ihm allenfalls der Grüne Speisetäubling *Russula heterophylla*, der bei Eichen und Buchen auftritt. Dieser hat jedoch am Stielansatz deutlich gegabelte Lamellen. Bei beiden Arten ist eine gewisse Verwechslungsgefahr mit Grünen Knollenblätterpilzen gegeben. Doch betrifft das natürlich nur die Hutfarbe. Bei sorgfältiger Beachtung der Stielmerkmale droht keine Gefahr.

Grüner Speisetäubling
Russula heterophylla

Merkmale
Hut feucht glänzend und klebrig, trocken matt, kräftig gras- oder olivgrün, später hellgrau ausblassend, kompakt und fest, vollfleischig, ohne Ring; Lamellen creme- bis intensiv gelbocker, spröde; Stiel weiß, gelegentlich leicht gilbend, Basis oft zugespitzt, voll, fest; Geschmack mild bis scharf

Vorkommen
bei Birken auf saurem Boden

Verbreitung
einer der häufigen Birkenbegleiter

- Juni bis November
- 5–15 cm
- eßbar

- **Merkmale**
  Hut spangrün, auch bei feuchtem Wetter völlig matt, mit auffallend rissiger (cutefracter) Huthaut; Lamellen weiß bis cremefarben, ziemlich eng stehend; Stiel weiß, voll, fest, Basis meist zugespitzt; Geschmack mild, nussig
- **Vorkommen**
  bei Laubbäumen wie Eichen, Buchen, Hainbuchen, aber auch unter Linden und Birken, gerne auf lehmigen Böden
- **Verbreitung**
  ehemals häufig, stark zurückgehend

Grünfeldertäubling

Russula virescens

Dieser an seiner derb-samtigen und auffallend felderig aufgerissenen Huthaut leicht zu erkennende und sehr schmackhafte Charakterpilz der Eichen-Buchen-Hainbuchenwälder ist mittlerweile so selten geworden, daß er leider als gefährdet eingestuft werden mußte (Rote Liste Klasse 3). Er sollte daher, wenn überhaupt, nur noch bei reichhaltigen Vorkommen und nur in kleinen Mengen als Speisepilz gesammelt werden. Sehr ähnlich kann der Rissighütige Frauentäubling *Russula cutefracta* aussehen. Dieser hat jedoch keine splitternde, sondern elastische Lamellen. Auch ist seine Huthaut weniger derbsamtig. Sie wirkt vielmehr seidig glänzend und weist dazu noch andere Grüntöne auf.

Rissighütiger Frauentäubling
Russula cutefracta

- Juli bis Oktober
- 4–10 cm
- eßbar

Frauentäubling

Russula cyanoxantha

Diese Art läßt sich trotz ihrer Farbvariabilität gut erkennen und durch ein markantes Merkmal einfach von anderen Täublingen unterscheiden. Streicht man mit dem Fingernagel über die Lamellen, splittern diese nicht, sondern geben elastisch nach. Er ist ein guter Speisepilz und von mildem, nussigem Wohlgeschmack. Der am gleichen Standort vorkommende Papagei-Täubling *Russula ionochlora* sieht recht ähnlich aus. Er hat ebenfalls eine glänzende Hutoberfläche, jedoch splitternde Lamellen und ist insgesamt zierlicher und zerbrechlicher. Andere Täublinge mit violettgrünen Farben besitzen eine matt-bereifte Huthaut.

Papagei-Täubling
Russula ionochlora

Merkmale
Hut sehr farbvariabel und von hell creme-violett über grün, lila oder blau bis fast anthrazit reichend, Hutoberfläche glatt und glänzend; Lamellen weiß, elastisch, ziemlich eng stehend; Stiel weiß, voll, fest, Basis meist zugespitzt; Geschmack mild

Vorkommen
bei Laubbäumen, meist Buchen, auf allen Böden

Verbreitung
in Buchenwäldern überaus häufig

- Juni bis November
- 6–12 cm
- eßbar

- **Merkmale**
Hut sehr farbvariabel,von olivgelbbräunlich über weinrot bis schokoladenbraun, Hutoberfläche glatt und glänzend; Lamellen anfangs cremefarben, später dottergelb, sehr spröde; Stiel weiß, voll, fest, später wattig, Basis meist zugespitzt; Geschmack mild und nussig

- **Vorkommen**
bei Fichten, Tannen und Kiefern auf allen Böden

- **Verbreitung**
besonders im Gebirge, aber auch im Flachland sehr häufig

Brauner Ledertäubling

Russula integra

Dieser sehr gute Speisepilz ist nur mit ein wenig Erfahrung zu bestimmen, und es braucht etwas Übung, bis man das typische Erscheinungsbild dieser robusten, aber recht variablen Art erkennt. Wie bei allen Täublingen ist die Geschmacksprobe der beste und erfolgversprechendste Weg, um den wohlschmeckenden Ledertäubling vom leicht verwechselbaren Zedernholztäubling *Russula badia* zu unterscheiden. Dieser kommt ebenfalls unter Nadelbäumen vor und ist einer der schärfsten und daher ungenießbaren Täublinge. Er hat außerdem keine dottergelben, sondern nur cremefarbene oder hell gelbliche Lamellen.

Zedernholztäubling
Russula badia

Rotstieliger Ledertäubling
Russula olivacea

- Juli bis November
- 8–15 cm
- eßbar

Das harte weiße Fleisch in Verbindung mit dem rot überhauchten Stiel machen diesen großen und kompakten Täubling trotz seiner verschiedenartigen Mischfarben gut erkennbar. Obwohl er völlig mildes Fleisch hat, sind die Angaben zum Speisewert recht unterschiedlich. Laut Literatur hat er schon einige vergiftungsähnliche Unverträglichkeitserscheinungen hervorgerufen. Stabile Toxine wurden aber bisher nicht nachgewiesen. Es gibt noch einen Weißstieligen Ledertäubling *Russula romellii*, der ebenfalls mild schmeckt, unter Buchen wächst und eßbar ist. Er ist mehr weinrot und hat dottergelbe Lamellen.

Weißstieliger Ledertäubling
Russula romellii

Merkmale
Hut meist in olivlich-roten Mischtönen, oft auch weinrote und bräunliche Farben gemischt, Oberfläche glatt und matt; Lamellen anfangs cremefarben, später hellgelb, sehr spröde; Stiel rot überhaucht, zumindest in der Spitze, voll, hartfleischig; Fleisch hart und fest, weiß; Geschmack mild

Vorkommen
bei Laubbäumen auf allen Böden

Verbreitung
in ganz Mitteleuropa, aber oft nur ortshäufig

- Mai bis September
- 5–10 cm
- eßbar

- **Merkmale**
  Hut in fleischrosa bis hell weinbräunlichem Farbton mit manchmal verblaßter Mitte, Huthaut matt, den Hutrand nicht erreichend; Lamellen weiß bis cremefarben, kaum gegabelt; Stiel weiß, bald rostfleckig, Basis zugespitzt; Fleisch weiß und voll, später wattig; Geschmack mild und nussig
- **Vorkommen**
  in Laub- und Nadelwäldern, auf allen Böden
- **Verbreitung**
  in ganz Mitteleuropa, aber oft einzeln

Speisetäubling

Russula vesca

Ein Pilz, der „die Zähne zeigt“: Das charakteristischste Merkmal dieses wohlschmeckenden Speisepilzes ist die Huthaut, die den Hutrand nicht erreicht. Man sieht also auf einem unbedeckten Millimeter rundum ein Stückchen des nackten weißen Fleisches und der Lamellen, was an einen Kranz von Sägezähnen erinnert. Beachtet man dieses hervorragende Merkmal nicht, so kann der Speisetäubling mit zahlreichen anderen, ähnlich gefärbten, meist milden Täublingen verwechselt werden. Das allerdings wäre für Speisepilzsammler nicht allzu tragisch, da keiner dieser Pilze ernsthafte Vergiftungen auslöst.

ein Pilz mit weißen „Zähnchen“ am Hutrand

Zinnobertäubling

Russula rosea

Dieser Pilz kann mit seiner leuchtend roten, kernigen Gestalt seinem Namen spielend alle Ehre machen. Aber manchmal ist er auch so verblaßt und ohne jegliche Rottöne, daß ihn nur noch sein extrem hartes Fleisch und sein Bleistiftgeschmack entlarven. Obwohl dieser Täubling nicht scharf schmeckt, gehört er nicht zu den Speisepilzen, da der unangenehme Zedernholzgeschmack auch beim Kochen erhalten bleibt. Ein in Hut und Stiel ähnlich intensiv gefärbter, mild schmeckender Pilz, der Rote Heringstäubling *Russula xerampelina*, gehört einer anderen Gruppe an. Er wächst bei Fichten und hat gelbliche Lamellen.

Roter Heringstäubling
Russula xerampelina

- **Mai bis Oktober**
- **5–12 cm**
- **kein Speisepilz**

Merkmale
Hut in intensiv zinnoberrotem Farbton, kann allerdings arg verblassen, Huthaut auch bei feuchtem Wetter auffallend trocken und matt, nicht abziehbar; Lamellen weiß bis hell cremefarben, kaum gegabelt; Stiel weiß, meist rot überhaucht; Fleisch weiß und sehr hart; Geschmack nach Bleistiftholz (Zedernholz)

Vorkommen
besonders unter Buchen

Verbreitung
in Buchenarealen häufig, aber zurückgehend

- **Juli bis Oktober**
- **5–15 cm**
- **kein Speisepilz**

- **Merkmale**
Hut unauffällig rußbraun oder weißfleckig; Lamellen auffallend entfernt stehend, dick, weiß, bald schwärzend; Stiel kürzer als der Hut breit, voll, fest, weiß, bald schwärzend; Fleisch weiß und sehr hart, bei Verletzung oder Anschnitt erst rötend, dann schwärzend; Geschmack mild und fade

- **Vorkommen**
in Laub- und Nadelwäldern auf allen Böden

- **Verbreitung**
nur in alpinen Lagen fehlend, sonst sehr häufig

Dickblättriger Schwärztäubling

Russula nigricans

Durch die auffallend entfernt stehenden, schwärzenden Lamellen ist der unangenehm schmeckende Pilz gut gekennzeichnet und nicht zu verwechseln. Gelegentlich sind auf mumifizierten Fruchtkörpern parasitisch lebende Blätterpilze zu beobachten. Es handelt sich dabei um Zwitterlinge, die zur Gattung *Asterophora* gehören. Die Huthaut der Weißtäublinge *(Compactae)* ist nicht differenziert und daher nicht abziehbar. Zu dieser Untergattung gehört auch der ebenso häufige Dichtblättrige Schwärztäubling *Russula densifolia*. Er unterscheidet sich durch eng stehende Lamellen und schwärzt nicht.

Dichtblättriger Schwärztäubling
Russula densifolia

- Juni bis November
- 5–12 cm
- kein Speisepilz

Ockertäubling

Russula ochroleuca

Man könnte ihn alljährlich waschkörbeweise ernten, so häufig ist dieser charakteristisch ockergelb gefärbte Pilz mit der matten Hutoberfläche und den hart kontrastierenden, weißen Lamellen. Doch leider läßt sein Speisewert wegen des unangenehm schmeckenden Fleisches arg zu wünschen übrig, auch wenn er ungiftig ist. Er kann durchaus mit einigen gelbhütigen Arten verwechselt werden, z. B. mit dem scharf schmeckenden Mehlstieltäubling *Russula farinipes*. Dieser unterscheidet sich durch eine mehlig-pudrige Stielspitze, einen gelblichen Stiel und einen gerieften Hutrand. Auch der Gallentäubling weist eine gewisse Ähnlichkeit auf.

Mehlstieltäubling
Russula farinipes

Merkmale
Hut einheitlich ocker- bis zitronengelb, festfleischig, Rand nicht gerieft; Lamellen weiß und zur Hutfarbe auffallend kontrastierend; Stiel voll und fest, weiß, später, besonders bei Feuchtigkeit und Frost, grau werdend, beim Eintrocknen gilbend; Geschmack mild bis bitter oder fade

Vorkommen
in Laub- und Nadelwäldern auf sauren Böden

Verbreitung
nur in alpinen Lagen selten, sonst ein Massenpilz

- August bis Oktober
- 5–10 cm
- kein Speisepilz

- **Merkmale**
Hut einheitlich honiggelb, feucht klebrig, sonst matt, Rand leicht gerieft; Lamellen hellgelblich und zur Hutfarbe wenig kontrastierend; Stiel fest, gelblich, bei Berührung ockerlich fleckend; Fleisch nicht sehr dick, aber fest und spröde, gelblich; Geruch nach Obstkompott; Geschmack sehr scharf

- **Vorkommen**
in Buchenwäldern auf allen Böden

- **Verbreitung**
in Buchenarealen weit verbreitet und häufig

Gallentäubling

Russula fellea

Der ganze Pilz ist mehr oder weniger gelb durchgefärbt und hat höchstens eine etwas dunklere, honigbraune Hutmitte. Gelegentlich macht er einen etwas glasig-gebrechlichen Eindruck. Das beste Kennzeichen ist sein intensiver, eigentümlicher Duft nach Obstkompott. In Verbindung mit dem brennend scharfen Geschmack und dem Vorkommen im Buchenwald läßt sich der Gallentäubling gut erkennen und kaum verwechseln. Eine gewisse Ähnlichkeit weisen auch einige Vertreter der Stinktäublinge auf. Diese werden aber meist größer, haben einen grob gefurchten Hutrand und verströmen einen unangenehmen Geruch.

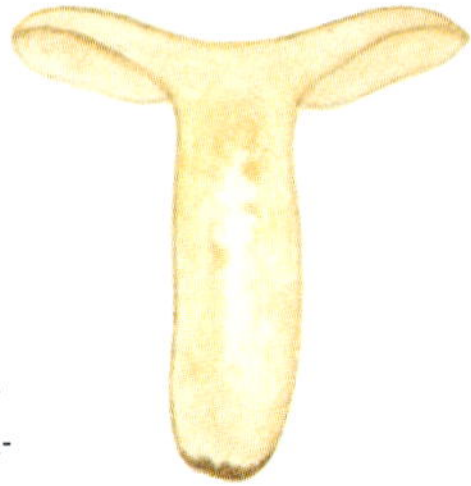

durchgeschnittener Pilz

Buchenspeitäubling

Russula mairei

- Juni bis November
- 3–8 cm
- kein Speisepilz

Die leuchtend kirschrote Gestalt ist im Fallaub eines Buchenwaldes kaum zu übersehen. Für Pilzsammler bleibt dies aber eher ein optischer als ein kulinarischer Genuß, da der roh giftige Speitäubling seinen Namen zu Recht trägt. Er ist höllisch scharf und macht die Zunge taub.

Schnecken mag ein derartiger Geschmack allerdings nicht stören, da sie ihn mit sichtlichem Behagen verzehren und man kaum einmal Exemplare findet, die nicht angenagt sind. Den verwandten Birkenspeitäubling *Russula emetica* var. *betularum* kennzeichnet ein zierlicher Wuchs, gebrechliches Fleisch sowie eine blaßrosa Huthaut.

Birkenspeitäubling
Russula emetica var. *betularum*

Merkmale
Hut einheitlich kirschrot, manchmal auch mit helleren Flecken nur bei feuchtem Wetter leicht klebrig, sonst glanzlos und matt, Huthaut kaum abziehbar; Lamellen rein weiß, gedrängt; Stiel rein weiß, voll, fest; Fleisch weiß, fest; Geruch schwach obstartig; Geschmack sehr scharf

Vorkommen
in Buchenwäldern vor allem auf trockenen Böden

Verbreitung
in Buchenarealen weit verbreitet und häufig

- September bis November
- 4–10 cm
- kein Speisepilz

- **Merkmale**
  Hut dunkel weinrot, Mitte fast schwarz, alt ausblassend, Rand glatt, Huthaut feucht klebrig und glänzend, bis fast zur Mitte abziehbar; Lamellen weiß, gedrängt, nur wenig ausgebuchtet; Stiel zylindrisch, brüchig, rotviolett, alt blasser; Geruch nach Stachelbeerkompott; Geschmack sehr scharf

- **Vorkommen**
  in Fichtenwäldern

- **Verbreitung**
  in Süddeutschland wesentlich häufiger als im Norden

Stachelbeertäubling

Russula queletii

Der rotviolette Stiel hat diesem auffälligen Fichtenbegleiter auch den Volksnamen Säufernase eingetragen. In Fichten-Kiefern-Mischwäldern ist er hingegen gar nicht einfach zu bestimmen, da dort sein klassischer Doppelgänger, der Zitronenblättrige Täubling, sehr oft mit ihm zusammen erscheint. Ein gutes Kennzeichen sind die weißen, höchstens hell cremefarbenen Lamellen und der feine Duft nach Stachelbeerkompott. In Verbindung mit dem sehr scharf schmeckenden Fleisch läßt sich der Pilz allein an diesen Merkmalen selbst dann noch erkennen, wenn die Farben schon weitgehend verblaßt sind.

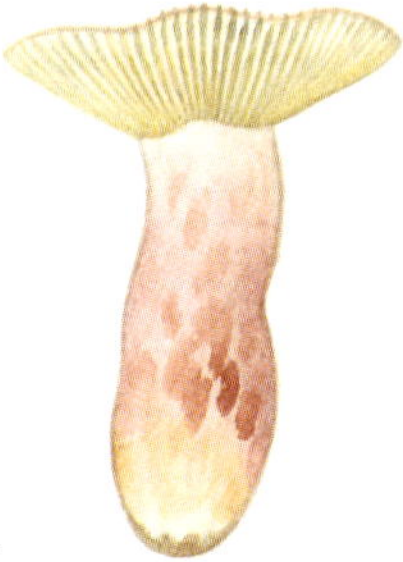

„Säufernasenstiel"

Zitronenblättriger Tränentäubling

Russula sardonia

Den Namen Tränentäubling hat der Pilz nicht etwa erhalten, weil eine Geschmacksprobe des brennend scharfen Fleisches das Wasser in die Augen treibt, sondern weil die jungen zitronengelben Lamellen bei feuchter Witterung tränen. Sie sondern wasserklare Guttationströpfchen ab. Unter Kiefern gibt es einige weitere scharfschmeckende Täublinge mit gefärbtem Stiel. Einer davon ist der Blutrote Täubling *Russula sanguinaria*, der an Hut und Stiel nicht violett, sondern rein rot gefärbt ist. Wie auch die beiden zuvor dargestellten Arten (s. Seite 168) lebt er in Mykorrhizasymbiose mit Schwarzkiefern.

Blutroter Täubling
Russula sanguinaria

- **September bis November**
- **6–12 cm**
- **kein Speisepilz**

- **Merkmale**
  Hut mit rotvioletten Mischtönen, alt ausblassend, Huthaut feucht klebrig und glänzend, bis fast zur Mitte abziehbar; Lamellen zitronengelb, gedrängt, gelegentlich tränend; Stiel zylindrisch, voll, festfleischig, auf weißem Grund rotviolett behaucht; Geruch nach Obst; Geschmack sehr scharf
- **Vorkommen**
  bei Kiefern, gerne auf sauren Böden
- **Verbreitung**
  in geeigneten Biotopen nirgends fehlend

- Juli bis Oktober
- 4–8 cm
- kein Speisepilz

- **Merkmale**
  Hut feucht schleimig, trocken matt, olivbraun, grauoliv bis graubeige, oft konzentrisch wasserfleckig, festfleischig; Lamellen weiß bis cremefarben, oft von eintrocknender Milch graugrün fleckend; Stiel blaß graugrünlich, erst voll und fest, später hohl; Milch weiß, nach einigen Sekunden scharf
- **Vorkommen**
  unter Buchen auf saurem Boden
- **Verbreitung**
  in reinen Kalkgebieten selten oder fehlend, sonst überall häufig

Graugrüner Milchling

Lactarius blennius

Dieser häufige Milchling zeigt unglaublich große Unterschiede zwischen den schleimtropfenden, glatten, graubeigen Erscheinungsformen, wie sie bei Regenwetter zu beobachten sind, und dem typisch graugrünen, wasserfleckigen, trockenen „Schönwetterhabitus". Die weniger bekannte schleimige Form spiegelt sich im wissenschaftlichen Namen wider: blennius bedeutet schleimig. Einem Einsteiger in die Pilzkunde fällt es oft schwer zu akzeptieren, daß es sich nur um eine einzige Art handelt. Wie alle anderen Milchlinge mit scharfer Milch ist auch diese Art nicht genießbar und könnte allerhöchstens nach gründlichem Wässern und Abkochen gegessen werden.

graugrüner Schönwetterhabitus

Gebänderter Hainbuchen-Milchling

Lactarius pyrogalus

Äußerlich ist dieser Milchling eine graue Maus. In der Laubschicht dichter Eichen-Hainbuchenwälder wirkt er düster und unscheinbar. Erst vor dem mutigen Finder, der seine Milch kostet, entfaltet er seine geheimen Stärken. Nicht umsonst hat er einen treffenden wissenschaftlichen Namen; pyrogalus bedeutet feuermilchend. Er ist einer der schärfsten Milchlinge. Übertroffen wird er diesbezüglich aber noch vom Scharfen Haselmilchling , dessen Hutoberfläche ähnlich gefärbt ist. Dieser wächst unter Haselsträuchern. Seine Huthaut ist nicht oder nur kaum gezont, außerdem hat er sehr entfernte Lamellen.

Scharfer Haselmilchling
Lactarius hortensis

- **Juli bis Oktober**
- **4–8 cm**
- **kein Speisepilz**

- **Merkmale**
  Hut feucht schmierig, schmutzig graubraun, stets konzentrisch gezont, festfleischig; Lamellen hell grauocker mit leichtem Orangeschein, von getrockneten Milchtröpfchen fleckig, gedrängt; Stiel beigegrau, blasser als der Hut, auf Druck fleckend; Milch weiß bis gelblich, brennend scharf
- **Vorkommen**
  unter Hainbuchen auf lehmigem Boden
- **Verbreitung**
  in europäischen Laubmischwäldern nicht selten

- Juli bis Oktober
- 5–15 cm
- kein Speisepilz

- **Merkmale**
  Hut olivbraun bis fast schwarz, filzig-rauh und nur bei feuchtem Wetter schmierig, Rand eingerollt; Lamellen hell graugelblich, bei Verletzung oder auf Druck dunkelgrau fleckend; Stiel kurz, voll, etwas heller als der Hut, später schwärzend; Milch wässrig bis weiß und brennend scharf

- **Vorkommen**
  unter Birken und Fichten auf allen Böden

- **Verbreitung**
  im Flachland wie im Gebirge sehr häufig

Olivbrauner Milchling, Tannenreizker

Lactarius turpis

fleckende Lamellen

Die Bezeichnung Mordschwamm, so ein ehrfurchtgebietender Volksname, ist ebenso irreführend wie Tannenreizker. Der Pilz ist weder mörderisch giftig, noch ist die Tanne sein Mykorrhizapartner. Er verbindet sich vielmehr im Flachland mit der Birke und im Gebirge mit der Fichte. Makroskopisch sind Zweifel an der Bestimmung kaum möglich: Die düstere, oft fast schwarze Hutfarbe, der lange eingerollte Rand und die fleckenden Lamellen bilden untrügliche Kennzeichen. Der Pilz ist wegen seines terpentinartigen Geschmackes ungenießbar, wird aber in osteuropäischen Ländern nach spezieller Vorbehandlung verwendet.

Mohrenkopf-Milchling, Essenkehrer

Lactarius lignyotus

Dieser unverwechselbare und schöne Pilz steht mit Recht auf der Roten Liste, da seine Mykorrhizapartner, alte Fichten, immer seltener werden. Mit dem frühen Hieb der Fichten im Zuge moderner Forstwirtschaft wird diesem Milchling schlicht die Lebensgrundlage entzogen, kaum daß er sie sich erobert hat. Oberflächlich betrachtet ähnelt ihm der Pechschwarze Milchling *Lactarius picinus*. Er kommt an den gleichen Standorten unter alten Fichten vor, hat aber keinen Buckel, keine herablaufenden Lamellen, jedoch einen helleren Stiel. Auch er fehlt in den jungen Fichtenforsten des Flachlandes.

Pechschwarzer Milchling
Lactarius picinus

- **August bis Oktober**
- **3–8 cm**
- **kein Speisepilz**

Merkmale
Hut tief schwarzbraun, trocken, matt, radialrunzelig, mit spitzem Buckel, Rand grob gerieft; Lamellen weiß oder hell gelblich, weit herablaufend, verletzt rostrot oder lachsfarben anlaufend; Stiel dunkelbraun, samtig-matt, lang und schlank; Milch weiß, rosa verfärbend, erst mild, dann etwas bitter

Vorkommen
unter alten Fichten besonders auf sauren Böden

Verbreitung
im Gebirge nicht selten, im Flachland fehlend

- Juli bis Oktober
- 5–12 cm
- eßbar

- **Merkmale**
  Hut orangefuchsig, trocken, matt, ungezont, derbfleischig; Lamellen hell gelblich, in Form einer Stielriefung etwas herablaufend, verletzt oder alt braun anlaufend; Stiel derb, wie der Hut getönt, aber meist etwas heller; Milch reichlich, weiß und mild
- **Vorkommen**
  in Laub- und Nadelwäldern in Mittelgebirgslagen
- **Verbreitung**
  in Skandinavien fehlend, sonst zerstreut und stark zurückgehend

Heringsbrätling

Lactarius volemus

Er ist einer der wenigen eßbaren Milchlinge mit weißer Milch. Wie der Name schon sagt, muß er allerdings scharf gebraten werden, da er beim Kochen leimig wird. Nachdem der Pilz aber inzwischen auf der Roten Liste steht und als gefährdet gilt, sollte man ihn ohnehin nicht mehr zum Essen sammeln. Zu verwechseln ist er kaum. Die reichliche, völlig milde Milch und der Geruch nach Heringslake oder gekochten Krebsen kennzeichnen ihn ebenso gut wie die feinsamtige Huthaut, die im Alter typisch rissig aufbricht. Als Baumpartner akzeptiert er neben Kiefern und Fichten auch Buchen und Eichen.

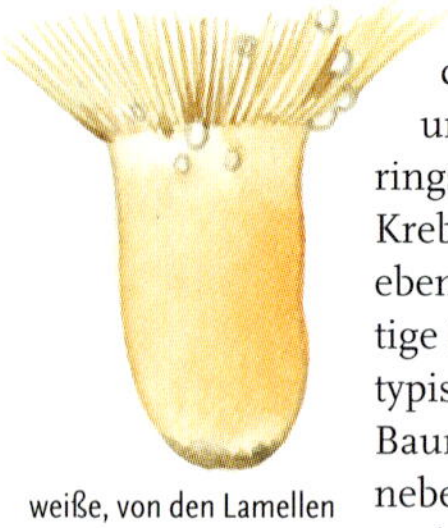

weiße, von den Lamellen tropfende Milch

Süßlicher Milchling

Lactarius subdulcis

Er ist einer der häufigsten Milchlinge überhaupt. Die späte Erscheinungszeit und die auffallend glatt wirkende Huthaut kennzeichnen ihn recht gut. Obwohl eßbar, gehört er sicher nicht zu den Leckerbissen, da er immer auch ein bißchen bitter schmeckt; subdulcis heißt genaugenommen ja auch nicht süß, sondern fast süß. Jedenfalls sollte er wie alle Milchlinge ohne jede Kochflüssigkeit scharf gebraten werden. Ähnliche Farben und einen Geruch nach Blattwanzen weist der Eichenmilchling *Lactarius quietus* auf. Dieser hat aber einen gezonten Hut und ist im allgemeinen etwas kräftiger. Er wächst bei Eichen.

Eichenmilchling
Lactarius quietus

- **September bis November**
- **3–8 cm**
- **eßbar**

- **Merkmale**
  Hut fleisch- bis dunkelrotbraun, trocken, matt oder etwas fettig wirkend, ungezont, aber Rand oft heller; Lamellen blaß fleischfarben, wenig fleckend; Stiel wie der Hut gefärbt, alt hohl, Basis striegelig-filzig; Milch weiß und mild, im Nachgeschmack bitter; Geruch nach Blattwanzen

- **Vorkommen**
  unter Buchen, gerne auf saurem Boden

- **Verbreitung**
  in entsprechenden Wäldern Europas sehr häufig

- Juli bis November
- 3–5 cm
- eßbar

- **Merkmale**
  Hut meist mit kleinem Buckelchen, einheitlich schön dunkelrotbraun bis fast schwarzbraun, trocken, matt und runzelig-höckerig; Lamellen blaß fleischorange, manchmal gegabelt; Stiel wie der Hut gefärbt, aber meist etwas heller, hohl, oft zusammengedrückt; Milch wäßrig-weiß und mild; Geruch beim Trocknen maggiartig
- **Vorkommen**
  in Laub- und Nadelwäldern
- **Verbreitung**
  in ganz Europa sehr häufig

Kampfermilchling

Lactarius camphoratus

Dieser kleine, auffallend dunkle Milchling mit dem runzeligen Hut wächst gerne am Grunde von morschen Stubben in sauren bis neutralen Wäldern mit frischer Rohhumusauflage. Seinen sehr typischen Geruch nach Maggiwürze oder Liebstöckel entwickelt er aber erst beim Eintrocknen. Daher könnte man am Standort, vor allem, wenn es sich um einen Nadelwald handelt, durchaus in die Irre geführt werden. Der ungenießbare Rotbraune Milchling *Lactarius rufus* kann nämlich recht ähnlich aussehen. Er ist aber meist größer und hat brennend scharfe Milch. Auch der Kampfermilchling gehört nicht unbedingt zu den Leckerbissen.

Rotbrauner Milchling
Lactarius rufus

Pfeffermilchling
Lactarius piperatus

Zumindest im Jugendzustand hat der fast rein weiße Pilz so eindeutige Merkmale, daß er kaum verwechselt werden kann. Ihm ähnelt nur der Grünende Pfeffermilchling *Lactarius glaucescens* mit spangrün verfärbender Milch und kurzem Stiel. Eine weitere weiße Art aus der gleichen Gattung ist der Wollige Milchling oder Erdschieber *Lactarius vellereus*. Er ist der größte Milchling überhaupt, hat einen gedrungenen Stiel und eine stark flaumige, meist mit Erdpartikeln bedeckte Hutoberfläche. In Osteuropa werden alle diese hierzulande als ungenießbar geltenden Milchlinge nach einer speziellen Vorbehandlung gerne gegessen.

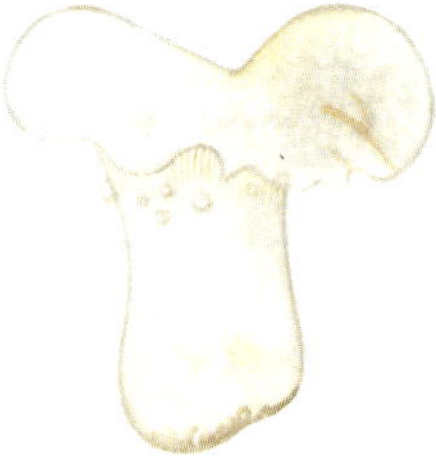

Wolliger Milchling
Lactarius vellereus

- **Juli bis Oktober**
- **5–12 cm**
- **kein Speisepilz**

- **Merkmale**
  Hut weiß, im Alter braunfleckig, kahl, glatt, trocken, matt; Lamellen weiß, gedrängt, herablaufend, jung tränend; Stiel weiß, hartfleischig, länger als der Hut breit; Fleisch weiß, hart, nicht verfärbend; Milch reichlich, weiß, beim Eintrocknen gilbend und brennend scharf

- **Vorkommen**
  in Laubwäldern, vor allem bei Eichen und Buchen auf reicheren Böden

- **Verbreitung**
  in ganz Europa verbreitet, aber nur ortshäufig

- Juli bis Oktober
- 2–6 cm
- kein Speisepilz

- **Merkmale**
  Hut meist in verschiedenen, oft unscheinbaren rosa-grauen Farbnuancen, nicht gezont, meist trocken, matt und bereift wirkend; Lamellen blaß ockerrosa, gedrängt, oft herablaufend; Stiel wie Hut gefärbt, weißlich befasert, bald hohl; Milch wässrig-weiß, nicht verfärbend, scharf
- **Vorkommen**
  unter Birken, gerne an grasigen Stellen
- **Verbreitung**
  in ganz Europa verbreitet und sehr häufig

Kokosmilchling

Lactarius glyciosmus

Jegliche Beschreibung dieses kleinen, eher unscheinbaren, aber überaus häufigen Birkensymbionten erübrigt sich fast, denn er ist allein an seinem Geruch zu erkennen. Er verströmt einen so feinen, intensiven Geruch nach Kokosflocken, daß man am liebsten hineinbeißen möchte. Leider ist er selbst in gegartem Zustand völlig ungenießbar, allein schon wegen seiner scharfen Milch. Zuweilen recht ähnlich kann der ebenfalls unter Birken vorkommende Graufleckende Milchling *Lactarius vietus* aussehen. Er riecht aber nicht nach Kokosflocken. Zudem bevorzugt er saure Standorte, gerne in Torfmoospolstern, und ist wesentlich seltener.

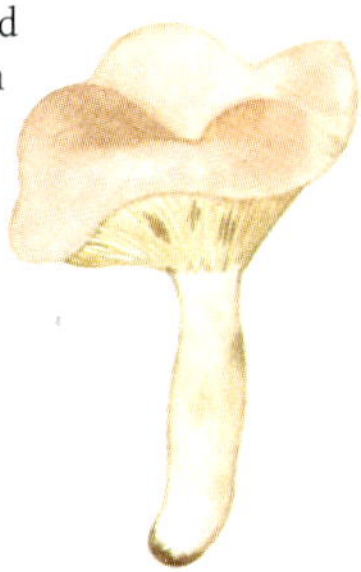

Graufleckender Milchling
Lactarius vietus

Fichtenreizker

Lactarius deterrimus

Besonders in jungen, lichten, moosigen Fichtenbeständen ist diese Art manchmal ein ausgesprochener Massenpilz. Mit zunehmendem Alter der Bäume wird die Fruchtkörperproduktion deutlich reduziert. Äußerlich sehr ähnlich ist der kiefernbegleitende Edelreizker *Lactarius deliciosus*. Er hat einen stark gezonten Hut und grünt längst nicht so rasch. Auch tritt er wesentlich seltener auf. Während der Fichtenreizker eher mäßige Qualitäten als Speisepilz aufweist, gilt der Edelreizker zu Recht als Delikatesse. Allerdings sollte er, wie alle Milchlinge, scharf gebraten werden. Der Genuß rotmilchender Reizker färbt den Harn rot.

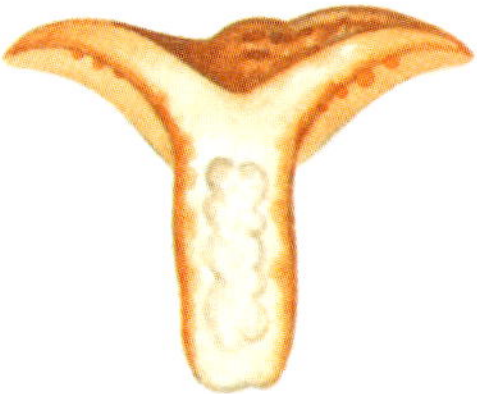

Edelreizker *Lactarius deliciosus*

- **August bis November**
- **4–12 cm**
- **eßbar**

- **Merkmale**
  Hut anfangs eingerollt, bald trichterig, orangerot, grün fleckend und schließlich ganz grün verfärbend, nicht gezont, schmierig; Lamellen blasser orange, gedrängt, oft herablaufend; Stiel wie Hut gefärbt, glatt, bald hohl; Milch orange, nach 15 min weinrot verfärbend, mild, dann etwas kratzend

- **Vorkommen**
  unter Fichten auf allen Böden

- **Verbreitung**
  überall in Europa sehr häufig

- August bis November
- 5–12 cm
- kein Speisepilz

- **Merkmale**
  Hut stark eingerollt und lange so bleibend, dabei auffallend bärtig behangen, intensiv rosa-orange, markant gezont, wollig-zottig, später verkahlend und dann etwas schmierig; Lamellen gelblich mit Rosaton, gedrängt, oft gegabelt; Stiel blaß fleischrosa, glatt, bald hohl; Milch weiß, brennend scharf

- **Vorkommen**
  unter Birken, gerne auf sauren Böden

- **Verbreitung**
  im Flachland zerstreut, sonst sehr häufig

Birkenmilchling

Lactarius torminosus

Zottiger Reizker oder Falscher Reizker sind zwei weitere Volksnamen, die wertvolle Informationen über diese schöne, intensiv gefärbte Art enthalten. Besonders die Bezeichnung Falscher Reizker ist sehr treffend, da der Pilz große Ähnlichkeit mit den echten Reizkern aufweist. Diese haben jedoch niemals weiße Milch. Der ebenfalls mit Birken vergesellschaftete und auf feuchten Böden sehr häufig vorkommende Flaumige Milchling *Lactarius pubescens* unterscheidet sich eigentlich nur durch seine blaßrosa Färbung. Im ausgewachsenen Zustand sind die beiden Arten allerdings oft nur schwer auseinanderzuhalten.

Flaumiger Milchling
Lactarius pubescens

Flacher Lackporling
Ganoderma lipsiense

- ganzjährig
- 10–40 cm
- kein Speisepilz

Malerpilz, so könnte man ihn auch nennen, denn auf der Unterseite wachsender Fruchtkörper läßt sich mit dem Fingernagel ein Muster einzeichnen, das lange sichtbar bleibt. Ein untrügliches Kennzeichen für diesen Pilz, der nicht immer flach, sondern auch mal knubbelig an seinem Wirt, einer toten Buche, wächst. Die in Unmengen erzeugten Sporen lagern sich im Sommer als zimtbrauner Puder auf der Oberseite benachbarter Fruchtkörper ab. Auf der Unterseite findet man oft die Zitzengallen der Pilzfliege *Agathomia wankowiczi*. Deren reife Made nagt an der Gallenunterseite ein Loch, fällt zu Boden und verpuppt sich dort.

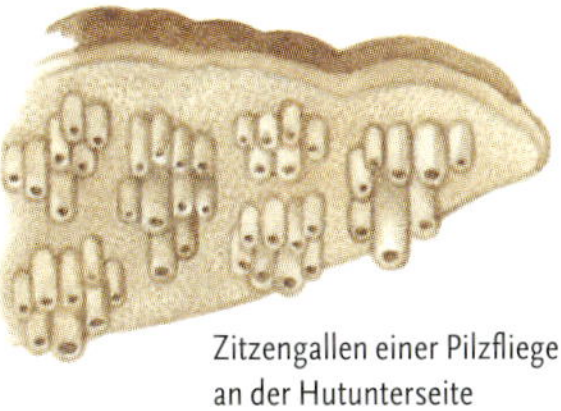

Zitzengallen einer Pilzfliege an der Hutunterseite

Merkmale
Fruchtkörper zuerst knubbelig unter der Rinde hervorbrechend, bald scharfkantig, flach konsolenförmig und rechtwinklig vom Holz abstehend, hart, matt, braun, mit konzentrischen Furchen und weißem Zuwachsrand; junge Poren klein, weiß, auf Druck sofort bräunend, Poren alter Pilze braun

Vorkommen
an lebenden und toten Buchenstämmen und -stümpfen

Verbreitung
weit verbreitet und überaus häufig

- ganzjährig
- 10–30 cm
- kein Speisepilz

- **Merkmale**
  Fruchtkörper braun und knollig unter der Rinde hervorbrechend, bald die typisch hufförmige Form annehmend und zunehmend grau werdend, korkig-hart, matt, von immer neuen, oft farbenfrohen Zuwachsrändern gefurcht; mehrjährig; Poren klein, weiß, stets senkrecht nach unten gerichtet
- **Vorkommen**
  als Schwächeparasit an Buchen und Birken
- **Verbreitung**
  in ganz Europa der häufigste Großporling

Echter Zunderschwamm

Fomes fomentarius

Der Pilz infiziert lebende, geschwächte Bäume und bringt sie allmählich zum Absterben. Am toten Baum kann er noch zehn Jahre und länger ausharren. Fällt der Baum schließlich um, wird die nächste Röhrenschicht so angelegt, daß die Poren wieder exakt zur Erde zeigen. Das Ergebnis sind oft bizarr geformte Fruchtkörper. Ihr Inneres besteht zum größten Teil aus den Jahr für Jahr gebildeten Röhrenschichten. Aus dem zähen, weißlichen Gewebe zwischen Oberhaut und Röhren, der Trama, wurde früher der Zunder gewonnen. Auch fertigte man aus der gekochten und weichgeklopften Trama Hüte und Kleidungsstücke.

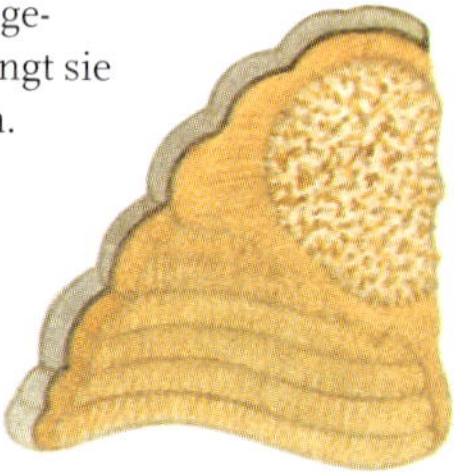

die verschiedenen Schichten des Zunderschwamms

- Juni bis September
- 10–30 cm
- jung eßbar

Schwefelporling

Laetiporus sulphureus

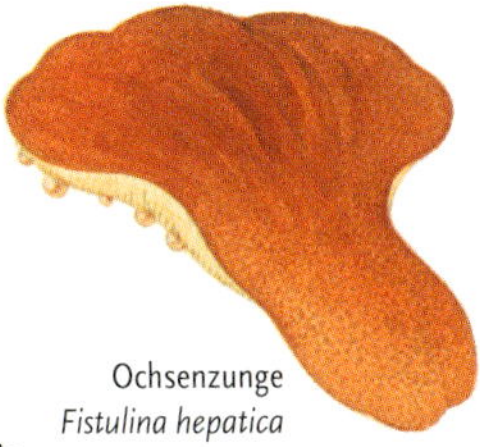

Ochsenzunge
Fistulina hepatica

Schrecken der Holzerzeuger oder Feind alter Eichen, so könnte man den weithin leuchtenden Pilz auch nennen. Lange bevor man dem Baum äußerlich etwas ansieht, hat der Schwefelporling das Kernholz schon zerlegt, seine Stabilität beträchtlich vermindert und damit entwertet. Im Endstadium künden braune, zerbröselnde Holzwürfel von seinem Zerstörungswerk. Ein anderer, nicht ganz so destruktiver Braunfäuleerreger ist die Ochsenzunge *Fistulina hepatica*. Auch sie befällt mit Vorliebe lebende, alte Eichen. Beide Pilze werden von manchen Pilzfreunden, allerdings erst nach vorherigem Abbrühen, als schmackhafte Speisepilze geschätzt.

Merkmale
Fruchtkörper schwefelgelb, alt lachsorange werdend, stets mehrere dachziegelig übereinander wachsend und oft riesige Pulks bildend; Fleisch weißlich bis schwefelgelb, erst weich, dann etwas zäh; Poren jung leuchtend schwefelgelb, im Alter ockerlich, sehr fein

Vorkommen
als aggressiver Parasit an alten Eichen und zahlreichen anderen Laubbäumen

Verbreitung
in ganz Europa nirgends fehlend

- ganzjährig
- 2–8 cm
- kein Speisepilz

- **Merkmale**
  Fruchtkörper dachziegelig oder rosettenförmig angeordnet, seidig glänzend, dünn, hart, völlig saftlos, charakteristisch konzentrisch gezont und sehr verschiedenfarbig; Poren weiß, rundlich, extrem fein und praktisch nur mit der Lupe festzustellen

- **Vorkommen**
  an zahlreichen Laubholzstubben, -ästen oder auch -stämmen

- **Verbreitung**
  in ganz Europa und darüber hinaus vom Flachland bis ins Hochgebirge

Schmetterlingstramete

Coriolus versicolor

Kein Waldspaziergang, auf dem man nicht diesem bunten Pilz begegnen würde, der von weiß über gelb, braun und schwarz alle Farben aufweisen kann. Die schönsten Fruchtkörper-Rosetten finden sich auf gefällten Stubben mit noch nicht allzu starkem Vermorschungsgrad. Er besiedelt das Holz schon früh und ist einer der wichtigsten holzabbauenden Pilze. Junge, gelbe Formen sind eventuell mit dem Gelben Schichtpilz *Stereum hirsutum* zu verwechseln. Dieser hat aber eine striegelig-zottige Oberfläche und zeigt auch fast immer ein wellenförmiges Wachstum. Er besiedelt gerne gefällte Eichen und ist ebenso verbreitet.

Gelber Schichtpilz
Stereum hirsutum

Riesenporling

Meripilus giganteus

- Juli bis Oktober
- 30–80 cm
- jung eßbar

Er macht seinem Namen wahrlich alle Ehre; 1 m Durchmesser und ein Gewicht von 50 kg sind keine Seltenheit. Allein der Basisstrunk erreicht die Dicke eines Beines. Der schnellwüchsige und kurzlebige Pilz ist stets mit der Wurzel des lebenden oder toten Wirtsbaumes verbunden, auch wenn er in einem gewissen Abstand wächst. Er erzeugt im Baum eine intensive Weißfäule. Über den Speisewert dieses Porlings gehen die Ansichten ziemlich weit auseinander. Junge, weiche Teile, in kleine Würfel geschnitten und dann in Speck scharf gebraten, schmecken ganz vorzüglich. Ältere Fruchtkörper hingegen sind lederig, zähfaserig eingerissen und dann nicht mehr genießbar.

zungenförmiger Einzelfruchtkörper

- **Merkmale**
  Einzelfruchtkörper zungenförmig, erst gelbbraun, dann graubraun, stets mehrere rosettenartig verwachsen und riesige Sammelfruchtkörper bildend; Fleisch weißlich, bei Berührung schwärzend, jung weich, dann lederig-zäh; Poren jung weißlich sehr fein, bei Berührung sofort schwärzend
- **Vorkommen**
  an Stammbasen oder Stubben von Eichen und Buchen
- **Verbreitung**
  in Osteuropa selten, sonst häufig

- ganzjährig
- 2–4 cm
- kein Speisepilz

- **Merkmale**
Hut muschelförmig, hell weißlichgrau, bei Feuchtigkeit etwas gezont, sonst striegelig und grob radialfaltig, dünn und lederigzäh; Lamellen rosa, breit und längsgespalten, am bestem bei trockenem Wetter zu beobachten; ohne Stiel dem Holz seitlich ansitzend

- **Vorkommen**
an lagerndem Laubholz, gerne an trockenen, besonnten Stellen

- **Verbreitung**
in ganz Europa und darüber hinaus sehr häufig

Spaltblättling

Schizophyllum commune

Obwohl er scheinbar Lamellen hat, gehört er nicht zu den Blätterpilzen. Vielmehr handelt es sich um zusammengelegte, nur durch die Hutdeckschicht verbundene Einzelfruchtkörper, die sich bei Trockenheit zum Schutz gegen Verdunstung zusammenrollen. Dadurch kann der Spaltblättling auch solche Standorte besiedeln, auf denen jeder andere Pilz vertrocknen würde. Die gespaltenen Lamellen machen ihn einzigartig und unverwechselbar. Lediglich von oben betrachtet hat er oft sehr große Ähnlichkeit mit dem Krausen Aderzähling *Plicatura crispa*. Dieser besiedelt ebenfalls abgestorbenes Laubholz; ist aber viel seltener anzutreffen als der Spaltblättling.

Krauser Aderzähling
Plicatura crispa

Rotbrauner Borstenscheibling
Hymenochaete rubiginosa

- ganzjährig
- 2–5 cm
- kein Speisepilz

Dieser sehr dunkle Pilz ist eine Charakterart längst entrindeter Eichenstubben. Normalerweise kann man eine Holzart in diesem Stadium der Vermorschung kaum noch erkennen, aber die Anwesenheit dieses bei näherer Betrachtung sehr hübschen Borstenscheiblings verrät den Wirt. Er ist ein aktiver Weißfäuleerreger und zerlegt das robuste Eichenholz in seine Bestandteile. An verschiedenen Weidenarten gibt es einen ähnlich gefärbten Pilz mit kleineren Hütchen, den Tabakbraunen Borstenscheibling *Hymenochaete tabacina*. Auch er ist sehr häufig. Kalilauge färbt das Fleisch aller Borstenscheiblinge tiefschwarz.

Tabakbrauner Borstenscheibling
Hymenochaete tabacina

Merkmale
Fruchtkörper dem Holz flächig aufliegend, dabei übereinander und reihig nebeneinander halbrunde Hüte ausbildend, dunkel rotbraun, samtig, matt, dünn, lederig-hart, konzentrisch gezont; Unterseite rotbraun, runzelig, unter der Lupe fein borstig (Name)

Vorkommen
an morschen, entrindeten Eichenstümpfen

Verbreitung
in ganz Europa sehr häufig, besonders im Süden auch gerne an Eßkastanie

- Mai bis Oktober
- 5–10 cm
- eßbar

- **Merkmale**
  Aussehen, Farbe und Oberfläche kartoffelartig, entwickelt sich unterirdisch und bricht dann hervor, reif vom Scheitel her staubig zerfallend; Inneres mosaikförmig gekammert mit erbsenförmigen, gelben Sporenbehältern; Basis mit leuchtend gelben Myzelsträngen
- **Vorkommen**
  bei Birken und Kiefern auf nacktem Boden
- **Verbreitung**
  ortshäufig auf Abraumhalden von Bergwerken, sonst zerstreut

Erbsenstreuling

Pisolithus arhizus

Auf Kohleabraumhalden und in Schieferbrüchen ist er oft schon ein Massenpilz, bevor sich überhaupt eine Pflanzengesellschaft entwickeln konnte. Seine Mykorrhizapartner, Birke und Kiefer, gehören hier zu den Pioniergehölzen und profitieren von der Lebensgemeinschaft, indem sie durch den Pilz wesentlich besser ernährt und daher auf den rutschigen Hängen viel widerstandsfähiger sind. Sobald sich die standortgemäße Pflanzen- und Pilzflora auf den Halden zu etablieren beginnt, geht die Zeit des Erbsenstreulings zu Ende, da er keine Konkurrenz verträgt. Über seine Genießbarkeit kann man lange streiten, giftig ist er jedoch nicht.

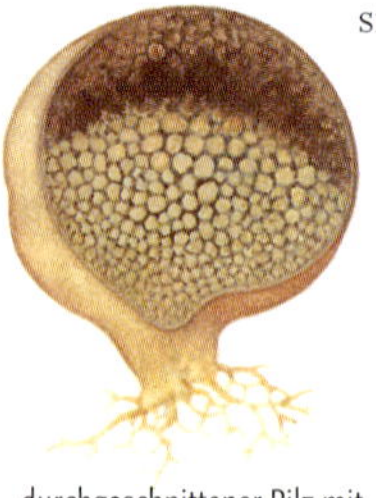

durchgeschnittener Pilz mit gelben Myzelsträngen

Kartoffelbovist

Scleroderma citrinum

- Juli bis November
- 5–10 cm
- giftig

Die Frage nach der Eßbarkeit von Bovisten läßt sich ganz einfach beantworten. Alle innen völlig weißen Boviste sind ungiftig. Der Kartoffelbovist ist in frühester Jugend gelblich, bald völlig schwarz. Bei der Reife bricht die dicke Schale am Scheitel auf und gibt die schwarze, pulverige Sporenmasse frei. Seine Giftwirkung beschränkt sich auf Irritationen des Verdauungstraktes und ist nicht sehr intensiv. Der metallisch stechende Geruch lädt ohnehin nicht zum Essen ein. In guten Pilzjahren wird der Kartoffelbovist gelegentlich vom seltenen Schmarotzerröhrling *Xerocomus parasiticus* besiedelt.

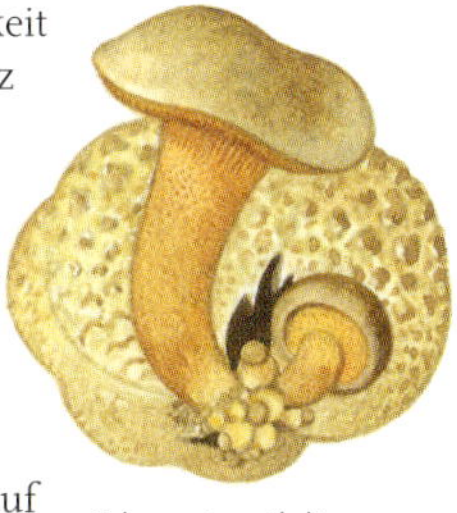

Schmarotzerröhrling
Xerocomus parasiticus

Merkmale
Fruchtkörper rundlich, ungestielt, strohgelb bis ockerbraun, mit unregelmäßig eckigen Warzen oder Schollen dicht besetzt; Inneres schwarz und fein gekammert, von der bis zu 4 mm dicken, derben, cremefarbenen Außenhülle umschlossen; Basis mit weißen Myzelsträngen

Vorkommen
in Laub- und Nadelwäldern auf sandigen, sauren Böden

Verbreitung
in reinen Kalkgebieten selten, sonst sehr häufig

- Juli bis November
- 3–8 cm
- eßbar

Flaschenstäubling
Lycoperdon perlatum

Tritt man auf reife Fruchtkörper dieser Pilzart, so kommt eine riesige graugrüne Sporenwolke zum Vorschein. Im unreifen Zustand sind diese Stäublinge festfleischig, innen weiß und können gegessen werden. Das gilt auch für den ähnlich aussehenden, aber größeren Beutelstäubling *Calvatia excipuliformis*. Er gehört wie der auf Wiesen wachsende Riesenbovist zur gleichen Familie. Lediglich der Birnenstäubling *Lycoperdon pyriforme* ist wegen seines widerlichen Leuchtgasgeruches nicht genießbar. Er wächst gesellig auf morschem Holz.

Birnenstäubling
Lycoperdon pyriforme

- **Merkmale**
  Fruchtkörper birnenförmig mit verschmälerter Stielpartie, erst rein weiß, später cremefarben bis gelbbräunlich, im oberen Teil dicht mit abwischbaren, kegeligen Warzen besetzt, reißen reif am Scheitel auf und stäuben bei Berührung (Puffpilze); Geruch angenehm pilzartig
- **Vorkommen**
  in Laub- und Nadelwäldern auf allen Böden
- **Verbreitung**
  in Europa und darüber hinaus ausgesprochen häufig

Stinkmorchel

Phallus impudicus

- Juni bis Oktober
- 8–12 cm
- kein Speisepilz

Hexenei

Die Stinkmorchel verrät ihre Anwesenheit, lange bevor man sie zu Gesicht bekommen hat, so sehr dringt ihr aasartiger Geruch durch den ganzen Wald. Allerdings geht der namengebende Geruch nur von völlig reifen Pilzen aus und ist Teil der Verbreitungsstrategie. Vom Geruch werden Fliegen angelockt, die die grüne Sporenmasse fressen und an anderer Stelle wieder ausscheiden. Ausgewachsene Stinkmorcheln sind schon wegen ihres Geruches nicht eßbar, die Hexeneier können aber durchaus verzehrt werden. Wird das Innere, die Fruchtkörperanlage, von der gallertigen sowie der lederartigen Haut befreit, kann man es in Scheiben geschnitten braten.

Merkmale
Fruchtkörper schlank zylindrisch, weiß, styroporartig, mit glänzend dunkelgrüner Spitze, einem geschlossenen Hexenei entwachsend, dieses ist von lederderber, grauer Haut überzogen und trägt einen weißen Myzelstrang an der Basis; Geruch des reifen Pilzes penetrant aasartig

Vorkommen
in Laub- und Nadelwäldern auf allen Böden

Verbreitung
im Gebirge selten, sonst überall ausgesprochen häufig

- Juni bis Oktober
- 8–12 cm
- kein Speisepilz

- **Merkmale**
steriler Teil schlank zylindrisch, Spitze orange, sonst gelblich, styroporartig, fingerdick, hohl, oft verbogen und zerbrechlich; Fruchtschicht glänzend dunkelgrün, fingerhutförmig; Hexenei von der Größe eines Wachteleies, Fruchtkörperanlage orange; Geruch des reifen Pilzes schwach kotartig

- **Vorkommen**
in Laubwäldern auf allen Böden

- **Verbreitung**
zerstreut, seltener als die Stinkmorchel

Gemeine Hundsrute

Mutinus caninus

Von der Stinkmorchel unterscheidet diese Art einiges. Sie ist viel zierlicher und zerbrechlicher, lebhafter gefärbt und stinkt weniger. Ansonsten hat die Hundsrute vieles mit ihr gemein: Das Hexenei entwickelt sich unterirdisch und platzt bei der Sporenreife am Scheitel auf. Innerhalb weniger Stunden vollzieht sich die Streckung, was sich zu Hause an einem feuchtgehaltenen, möglichst reifen Hexenei gut beobachten läßt. Die noch intensiver gefärbte Himbeerrote Hundsrute *Mutinus ravenelii* riecht stärker aasartig. Sie ist eine sehr seltene Rote-Liste-Art und nur von wenigen Standorten in Nord- und Ostdeutschland bekannt.

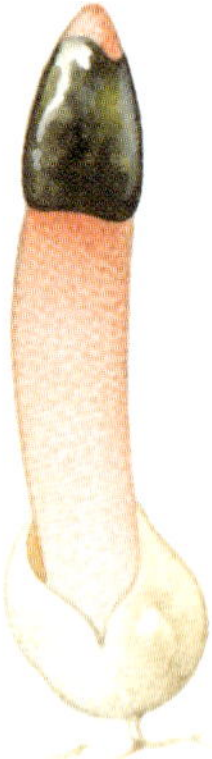

Himbeerrote Hundsrute
Mutinus ravenelii

Tintenfischpilz

Clathrus archeri

Der erste Fund dieser unverwechselbaren Art ist für jeden Pilzsucher ein Erlebnis. Noch vor 20–30 Jahren war die vermutlich aus Australien eingeschleppte Art in Europa ausgesprochen selten. Sie fand hier jedoch so gute Lebensbedingungen vor, daß sie sich atemberaubend schnell ausbreitet. Im Gegensatz zu Hundsrute und Stinkmorchel trägt der Tintenfischpilz seine Sporenmasse auf der Innenseite des styroporartigen Gebildes (Rezeptakulum). Er gehört damit zu einer anderen Unterfamilie, auch wenn er die gleiche Verbreitungsstrategie verfolgt. Das Hexenei des Tintenfischpilzes ist nicht eßbar.

aufbrechendes Hexenei

- Juni bis Oktober
- 8–12 cm
- kein Speisepilz

- **Merkmale**
  Fruchtkörper leuchtend rot, vom Aussehen eines Kraken oder eines Seesternes; die vier bis sechs Arme sind als Anlage bereits im Hexenei sichtbar, die schwarzgrüne Sporenmasse (Gleba) befindet sich auf der Innenseite der Arme; Geruch durchdringend aasartig
- **Vorkommen**
  in Wäldern und an grasigen Waldrändern auf allen Böden
- **Verbreitung**
  noch nicht überall häufig, aber rasant auf dem Vormarsch

- Mai bis November
- 0,5–1,5 cm
- kein Speisepilz

- **Merkmale**
  Fruchtkörper anfangs tonnenförmig, weißlich und von einem goldgelben, feinfilzigen Deckel verschlossen; Deckel reißt bei Reife auf und gibt den Blick auf die weißen, linsenförmigen Sporenbehälter frei; Innenwände der Pilze weißlich-filzig
- **Vorkommen**
  gesellig bis herdenweise an Holzresten und anderem organischen Abfall, sogar auf Textilien
- **Verbreitung**
  überall ausgesprochen häufig

Tiegelteuerling

Crucibulum laeve

In Schweden heißt der Pilz Brödkorgsvampar (Brotkorbpilz), da die Form des reifen, geöffneten Pilzes an einen Korb voller Brötchen erinnert. Die Peridiolen, so der korrekte Name der „Brötchen", sind mit einer winzigen, klebrigen Schnur versehen. Fällt ein Regentropfen in den Becher, so werden die Peridiolen fortgeschleudert und wickeln sich mit diesem Faden (Funiculus) um den nächsten Grashalm. Frißt dann ein Tier dieses Gras, so werden die Sporen an anderer Stelle wieder ausgeschieden. Eine offenbar erfolgreiche Verbreitungsstrategie, denn der Teuerling ist bei genauem Hinsehen überall zu entdecken.

der Verbreitungsmechanismus

- Juni bis Dezember
- 2–3 mm
- kein Speisepilz

Kugelschneller

Sphaerobolus stellatus

Wer einmal gelernt hat, seinen Blick für diese kleinen Besonderheiten des Pilzreiches zu schärfen, wird den Kugelschneller oft entdecken. Er vollbringt im Zuge seiner Fortpflanzungsstrategie rekordverdächtige Leistungen. So kann er die mit Sporen gefüllte, schwarze Kugel mehr als fünf Meter weit wegschleudern. Dies bewerkstelligt er folgendermaßen: Durch Quellung entsteht eine recht starke Spannung zwischen den verschiedenen Schichten der Außenhülle. Diese entlädt sich, indem sich die innere Schicht nach außen stülpt. Wie mit einer Steinschleuder wird dabei dann die „Kugel weggeschnellert“.

gerade aufgerissene Kugel

- **Merkmale**
  Fruchtkörper dem Substrat ohne Stiel aufsitzend, weißlich bis goldgelblich, filzig, anfangs kugelig-geschlossen; reißt bei der Reife am Scheitel sternförmig ein, zeigt dann mehrschichtige Wand sowie schwarzen Sporenbehälter
- **Vorkommen**
  gesellig bis herdenweise an Holzresten und anderem ligninhaltigem Material, z. B. Stroh
- **Verbreitung**
  unscheinbar und oft übersehen, aber sehr häufig

- ganzjährig
- 2–10 mm
- kein Speisepilz

Merkmale
anfangs glasklare oder durchsichtig gelbe, oben zugespitzte Fäden, oft mit glasklaren Guttationströpfchen; Spitzen im Verlauf des Wachstums keulenförmig anschwellend, gleichzeitig entwickelt sich auch der schwarze Sporenbehälter am Scheitel

Vorkommen
gesellig bis herdenweise auf Tierdung, am besten in Kultur zu beobachten

Verbreitung
auf der ganzen Welt verbreitet und sehr häufig

Pillenwerfer

Pilobolus kleinii

Er schleudert seine Sporen nach dem Prinzip der An- und plötzlichen Entspannung ab. Zu Hause läßt sich dieser Vorgang relativ einfach gut beobachten. Dazu legt man ein angefeuchtetes Papiertaschentuch mit ein paar Kaninchenköteln darauf in eine flache Schale und deckt diese unbedingt mit einer Glasscheibe ab. Die Pillenwerfer entwickeln sich bei Zimmertemperatur ohne weiteres Zutun innerhalb weniger Tage. Bei Lichteinfall werden die Sporenbehälter mit großer Kraft abgeschossen und kleben dann auf der Unterseite der Glasscheibe. Die Schleuderkraft ist so groß, daß ohne die Glasscheibe Augenverletzungen durchaus möglich wären.

Hasenkötel mit unreifen Pilzen

Maisbeulenbrand

Ustilago maydis

- **Juli bis September**
- **5–10 cm**
- **kein Speisepilz**

Es gibt praktisch kein Maisfeld ohne Maisbeulenbrand und normalerweile werden dagegen keine Fungizide eingesetzt. Während ansonsten die Rost- und Brandpilze das Getreide in Wachstum, Ertrag oder Genießbarkeit schädigen, ist das beim Futtermais zumindest nach Auskunft von Landwirten nicht der Fall. Mehr noch, aus den unreifen, in Scheiben geschnittenen Geschwülsten braten sich einige Indianer Schnitzel. Dennoch ist zumindest der ausgewachsene Maisbeulenbrand nicht ganz ungiftig. Die reifen Sporen enthalten in geringen Mengen Alkaloide (wie das auf Seite 203 beschriebene Mutterkorn) und können unter Umständen bei Säugetieren zum Abort führen.

befallene Maispflanze

Merkmale
Fruchtkörper ist eine unförmig aufgetriebene Geschwulst an Stelle des Maiskolbens, seltener auch an Stelle der Blüte, zunächst hellgrün und innen blattartig geschichtet, verfärbt sich bei der Sporenreife schwarz, zerfällt dann staubig; Geruch reif nach Heringslake

Vorkommen
an Fruchtständen von Mais

Verbreitung
in den Maisfeldern der ganzen Welt regelmäßig anzutreffen

- ganzjährig
- 1–20 cm
- kein Speisepilz

- **Merkmale**
aus zahlreichen flächig zusammengesetzten, hirnartig-gewunden zusammenfließenden Einzelfruchtkörpern bestehend, pechschwarz, glänzend, gelatinös und glibberig, ca. 0,5–1,5 cm dick; Oberfläche warzig-rauh, eintrocknend und bei Feuchtigkeitszufuhr wieder zur ursprünglichen Größe aufquellend

- **Vorkommen**
an abgestorbenem Laubholz

- **Verbreitung**
überall verbreitet und sehr häufig

Hexenbutter, Gemeiner Drüsling

Exidia glandulosa

Abgestutzter Drüsling
Exidia truncata

Er ist in Mitteleuropa der häufigste Gallertpilz, auch wenn er nur bei feuchtem Wetter auffällt. Erst mit einiger Erfahrung kann der Pilzsammler in den unscheinbaren, dünnen, schwarzen und harten „Schönwetterkrusten“ mit Recht einen Drüsling vermuten. Nicht ganz so häufig ist der Abgestutzte Drüsling *Exidia truncata*. Seine bis zu 2,5 cm dicken Einzelfruchtkörper haben eine flächige, ebenfalls schwarze und warzige Oberseite. Diese Art wächst bevorzugt an Eichen. Drüslinge haben ihren Namen von den warzenartigen Drüsenpünktchen auf der Oberseite. Sie alle verursachen eine intensive Weißfäule im toten Holz.

▶ Oktober bis April
▶ 3–10 cm
▶ kein Speisepilz

Goldgelber Zitterling

Tremella mesenterica

Der auffällig gefärbte Gallertpilz benötigt reichlich Feuchtigkeit für sein Gedeihen. Folglich findet man diese Charakterart trüber Novembertage am ehesten in frostfreien Wintermonaten besonders an Weichholz. Auch außerhalb dieser Zeit ist er vorhanden, dann aber fast zur Unkenntlichkeit eingetrocknet. Wie alle Zitterlinge lebt er bei Wasserzufuhr wieder auf, was sich an einem Stöckchen mit gelber Kruste gut zu Hause unter Glas ausprobieren läßt. Ähnliche Merkmale weist der wesentlich unauffälliger gefärbte Rotbraune Zitterling *Tremella foliacea* auf. Er besiedelt ebenfalls verschiedene Laubholzarten an feuchten Stellen.

Rotbrauner Zitterling *Tremella foliacea*

▶ **Merkmale**
aus gekröseartig gewundenen, weich-gallertigen, faltigen, leuchtend goldgelben Lappen bestehend, die einer gemeinsamen Anwachsstelle entspringen; Oberflächen glatt und glänzend; eintrocknend und bei Feuchtigkeitszufuhr wieder zur ursprünglichen Größe aufquellend

▶ **Vorkommen**
an dünnen, abgestorbenen Ästen verschiedener Laubholzarten

▶ **Verbreitung**
überall verbreitet und sehr häufig

- Juli bis November
- 3–7 cm
- eßbar

- **Merkmale**
  Hut zungen- bis muschelförmig, weißlich bis silbergrau, seltener bräunlich, glasig-durchscheinend, dick gallertfleischig; Unterseite aus bis zu 5 mm langen, farblos-gallertigen Stacheln bestehend; ohne Stiel oder mit kurzem Stielansatz; Geruch und Geschmack unbedeutend

- **Vorkommen**
  an stark morschen, bereits zerfallenden Nadelholzstubben

- **Verbreitung**
  in den Nadelwäldern Europas ziemlich häufig

Zitterzahn

Pseudohydnum gelatinosum

Judasohr
Auricularia auricula-judae

Seinen Stubben kann er erst im Endstadium der Vermorschung besiedeln, wenn andere Pilzarten vor ihm die Holzfasern bereits ausreichend mürbe gemacht haben. Die Baumart ist zu diesem Zeitpunkt kaum noch festzustellen, und lediglich die Art des Waldes liefert entsprechende Hinweise. Dieser leicht kenntliche und nicht zu verwechselnde schwabbelige Holzbewohner ist eine der wenigen Pilzarten, die man roh, z.B. als Pilzsalat, essen kann. Eine weitere zäh-gallertige, ebenfalls roh genießbare Pilzart, das Judasohr *Auricularia auricula-judae*, findet man vor allem in den Wintermonaten an altem Holunderholz.

Grüngelbes Gallertkäppchen

Leotia lubrica

- Juli bis Oktober
- 2–6 cm
- kein Speisepilz

In älteren Pilzbüchern wird das leicht kenntliche Gallertkäppchen als eßbar bezeichnet, was jedoch wegen des modrigen Geschmackes nicht gleichbedeutend mit genießbar sein muß. Es gehört zu den Schlauchpilzen und bildet die Sporen auf der Hutoberseite aus. Der Pilz ist vielerorts sehr selten geworden, seit neben vielen Waldwegen tiefe Drainagegräben den Waldboden regelrecht austrocknen. Eine weitere Art, die ebenfalls auf eine relativ große Feuchtigkeitsmenge angewiesen ist, ist der Sumpf-Haubenpilz *Mitrula paludosa*. Beiden Arten wird durch Entwässerungsmaßnahmen ihre Lebensgrundlage entzogen.

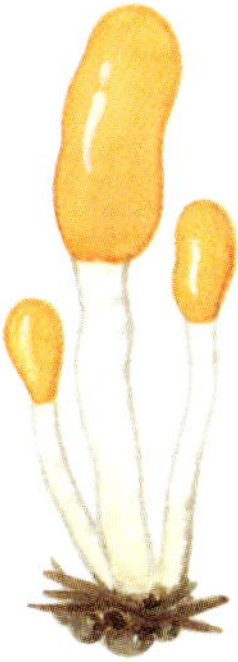

Sumpf-Haubenpilz
Mitrula paludosa

Merkmale
Hut gallertig, rundlich, nagelkopfartig, unregelmäßig gewölbt oder lappig, glatt, schleimig-klebrig, gelblichgrün bis olivbraun, Rand eingerollt, Unterseite glatt und matt; Stiel zitronen- bis orangegelb, rauh punktiert, zylindrisch oder eingedrückt; Geruch und Geschmack modrig

Vorkommen
in Laub- und Nadelwäldern an feuchten Stellen

Verbreitung
in ganz Europa, aber nicht häufig

- August bis November
- 2–6 cm
- kein Speisepilz

- **Merkmale**
obere Hälfte des Fruchtkörpers leuchtend orangegelb, dicht mit orangeroten Pusteln übersät, matt, ohne deutlichen Übergang in den weißlichen Stiel übergehend; schlank keulenförmig, tief in die Erde reichend; entwächst einer Schmetterlingspuppe
- **Vorkommen**
im Wald und Grünland über vergrabenen Schmetterlingspuppen
- **Verbreitung**
zerstreut bis häufig in ganz Europa

Puppenkernkeule

Cordyceps militaris

Kernkeulen besetzen eine ganz besonders enge Nische im ökologischen Gefüge. Sie leben ausschließlich auf Insektenpuppen oder Hirschtrüffeln. Die oben abgebildete Art ist eine der größten und auffälligsten. Die Sporen des parasitisch lebenden Pilzes infizieren zunächst eine intakte Schmetterlingsraupe. Das Myzel entwickelt sich dann in der im Boden lebenden Puppe und tötet diese schließlich ab. Mit der Fruchtkörperbildung kann der Kreislauf dann wieder von neuem beginnen. Die häufigste auf Pilzen parasitierende Art ist die Zungenkernkeule *Cordyceps ophioglossoides*. Diese lebt auf den unterirdisch wachsenden Hirschtrüffeln.

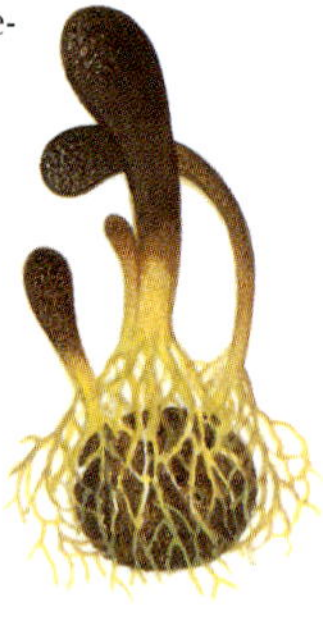

Zungenkernkeule
Cordyceps ophioglossoides

Mutterkorn

Secale cornutum und Claviceps purpurea

- **Mai bis August**
- **1–3 cm**
- **giftig**

Kein anderer Pilz hat so ausgedehnte Massenvergiftungen ausgelöst wie das stark giftige Mutterkorn. Noch im vergangenen Jahrhundert forderten übergroße Feuchtigkeit im Frühjahr, Mißernten und fehlende Reinigung des Getreides zahlreiche Opfer. Die tödliche Dosis für einen Menschen liegt bei 5–10 g. In unserer Zeit hat man gelernt, die wirksamen Inhaltsstoffe für zahlreiche medizinische Zwecke zu nutzen und kultiviert sogar Stämme mit besonders hohen Alkaloidgehalten. Die Infektion erfolgt zur Zeit der Getreideblüte im Mai, die gleichzeitig auch die Erscheinungszeit der fertilen Form ist.

Mutterkorn
Claviceps purpurea

- **Merkmale**
  Dauerfruchtform (s. Foto) schwarz, hart, spindelig-gekrümmt; fertile Form unauffällig, aus einem rötlichen, mit Pusteln übersäten, 1–3 mm großen Köpfchen auf mehr oder weniger langem Stiel bestehend (s. Zeichnung)
- **Vorkommen**
  einzeln oder zu mehreren auf Ähren von Gras oder Getreide; fertile Form auf der Erde in Getreidefeldern
- **Verbreitung**
  weltweit verbreitet, durch den Einsatz von Fungiziden aber rückläufig

- Juli bis Oktober
- 3–8 cm
- eßbar

- **Merkmale**
Fruchtkörper becherförmig, verbogen oder flatterig verflacht, leuchtend orangerot; Oberseite seidenmatt, Unterseite etwas kleiig-mehlig; Rand nicht behaart; Fleisch ca. 1 mm dick, wachsartig-mürbe und sehr zerbrechlich

- **Vorkommen**
meist gesellig, aber auch einzeln auf dem Boden an offenen Stellen, auf Waldwegen, an Böschungen etc.

- **Verbreitung**
vom Flachland bis in die Alpen sehr häufig

Orangebecherling

Aleuria aurantiaca

In seiner typischen Ausprägung ist dieser schon von weitem leuchtende Becherling sehr charakteristisch und mit keinem Giftpilz zu verwechseln. Seine Fruchtkörpergröße schwankt beträchtlich. Ein Durchmesser von bis zu 8 cm ist nicht selten. Besonders wohl fühlt er sich offensichtlich auf frisch aufgeworfener, lehmiger Erde, wo die üppigsten Fruchtkörperbildungen zu finden sind. Ein Doppelgänger des Orangebecherlings ist der Mennigrote Kurzhaarbecherling *Melastiza chateri*. Er tritt weniger häufig auf, hat in der Regel auch kleinere Fruchtkörper und einen von kurzen Haaren braungesäumten Rand. Er ist jedoch ungenießbar.

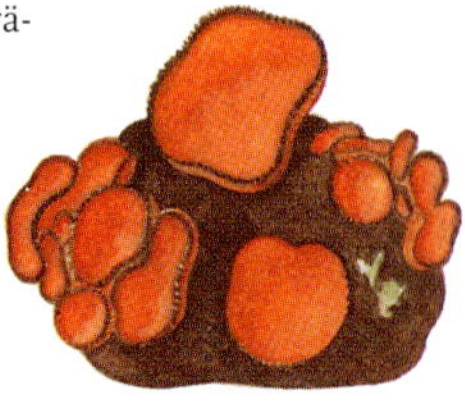

Mennigroter Kurzhaarbecherling
Melastiza chateri

Holz-Schildborstling
Scutellinia scutellata

Dieser leuchtend rote Becherling mit dem auffälligen schwarzen Haarkranz läßt sich schon im Frühjahr bewundern. Aber auch im Sommer, wenn es sonst wegen anhaltender Trockenheit kaum Pilze gibt, findet er sich auf feucht liegendem Holz in Gräben oder am Rand von Bachläufen im Wald. Auf alten Feuerstellen, ohnehin pilzkundlich sehr ergiebige Standorte, kann man dem ähnlich aussehenden, aber kleineren Schwarzgesäumten Brandstellen-Becherling *Anthracobia melanoma* begegnen. Auch er hat einen schwarzen Borstenkranz und gelblich-rote Farben. Mit seinen zahllosen Fruchtkörpern überzieht er oft ganze Flächen und läßt so einen orangegelb gefärbten Rasen entstehen.

Brandstellen-Becherling
Anthracobia melanoma

- **April bis November**
- **0,5–1,5 cm**
- **kein Speisepilz**

- **Merkmale**
  Fruchtkörper flach becherförmig, leuchtend rot oder orangerot, Oberseite glatt und glänzend, Unterseite etwas kleiig; Rand dicht mit langen schwarzen Borsten besetzt; nicht gestielt und dem Substrat oft flächig aufliegend mit lediglich hochgebogenem Rand

- **Vorkommen**
  meist gesellig, aber auch einzeln auf abgestorbenen Holzresten

- **Verbreitung**
  in ganz Europa ausnehmend häufig

- September bis November
- 1–5 cm
- kein Speisepilz

- **Merkmale**
  Fruchtkörper fest gallertig und dickfleischig, anfangs kugelig, später umgekehrt kreiselförmig; Außenseite körnig, graubraun; Fruchtschicht seidig glänzend, dunkel rotbraun bis tiefschwarz, oft etwas vertieft; Geruch und Geschmack unauffällig
- **Vorkommen**
  gesellig-büschelig bis herdenweise auf der Rinde frisch gefällter Eichen
- **Verbreitung**
  in allen Eichenarealen Europas ausnehmend häufig

Schmutzbecherling

Bulgaria inquinans

Dieser Pilz gehört zu den hochspezialisierten Holzbewohnern, die nur Baumrinde bevölkern. Er ist ein charakteristischer Erstbesiedler frisch gefällter Eichen und überzieht oft viele Meter mit Hunderten seiner schwarzglänzenden Fruchtkörper. Notfalls, wenn auch selten, nimmt er mit anderen Holzarten wie z. B. Buchen, Hainbuchen oder Birken vorlieb. Seinen Namen hat dieser hübsche, nicht zu verwechselnde Pilz von den pechschwarzen Sporen, die beim Darüberstreichen die Finger schmutzig machen. Legt man einen Fruchtkörper über Nacht auf weißes Papier, erhält man einen schwarzen Abdruck.

Streicht man über die Sporen, so bekommt man schwarze Finger.

Grünspan-Becherling

Chlorosplenium aeruginascens

- Mai bis November
- 0,3–0,8 cm
- kein Speisepilz

Diesen Pilz kann man auch dann finden, wenn weit und breit keine Fruchtkörper zu sehen sind. Denn das stets auffällig grün verfärbte Holz verrät seine Anwesenheit. Wegen seiner ungewöhnlichen Farbgebung wird es gerne für Intarsienarbeiten genutzt. Die Verarbeitung ist allerdings recht schwierig, da das Holz auf Grund des hohen Vermorschungsgrades zunächst verfestigt werden muß. Dies geschieht am besten mit einer Acrylharzversiegelung. Die Verfärbung des Holzes wird durch den Farbstoff Xylindein verursacht. Im Mikroskop lassen sich die grünen Pilzfäden deutlich am Dünnschnitt erkennen.

spangrün verfärbtes Holz

Merkmale
Fruchtkörper becherförmig, dann ausgebreitet, mit kurzem Stielchen, auffallend spangrün; Innenseite glatt, Außenseite fein kleiig und meist etwas heller; gesellig wachsend

Vorkommen
an morschem, am Boden liegendem Laubholz, das von dem Pilz stets grün verfärbt ist

Verbreitung
in Gegenden mit mildem Klima recht häufig, sonst zerstreut

- April bis Mai
- 5–15 cm
- eßbar

- **Merkmale**
  Fruchtkörper jung becherförmig, bald flach tellerförmig oder ganz ausgebreitet und dann am Rand einreißend; Innenseite gelbbraun bis dunkelrotbraun, aderig oder runzelig, matt; Außenseite weißlich bis ockerlich, rauh, zu einem Stielansatz zusammengezogen; Geruch nach Chlor
- **Vorkommen**
  in Auwäldern unter Eschen
- **Verbreitung**
  außer in alpinen Lagen überall vorkommend, aber nur ortshäufig

Morchelbecherling, Flatschmorchel

Disciotis venosa

Wer im Frühjahr nach Morcheln sucht, wird diesen großen, auffallend nach Chlor riechenden Becherling vielleicht ebenfalls finden. Er ist ein guter und ergiebiger Speisepilz, dessen Chlorgeruch sich beim Kochen verliert. Nicht nur Auwälder, sondern auch Kahlschläge und Waldbrandflächen stellen weitere Standorte für diese mürbfleischige Art dar. Eine gewisse Ähnlichkeit, besonders mit verflachten Exemplaren, hat die Wurzellorchel *Rhizina undulata*. Sie ist aber stets nach unten umgebogen, hat einen weißen Rand und wächst im Nadelwald auf Brandstellen. Der totholzbesiedelnde Pilz erscheint erst ab Juni und ist zäh und ungenießbar.

Wurzellorchel *Rhizina undulata*

Herbstlorchel

Helvella crispa

Schneidet man den Stiel einer Herbstlorchel quer durch, so wird deutlich, daß dieser nur aus zusammengefalteten weißen Schichten besteht, zwischen denen sich jeweils ein mehr oder weniger großer Hohlraum befindet. Der Pilz ist in Form, Farbe und Größe kaum verwechselbar. Lediglich die Grubenlorchel *Helvella lacunosa* hat einen ähnlichen Habitus, ist aber düster grau bis fast schwarz gefärbt. Sie bleibt meist auch kleiner als die Herbstlorchel und ist eßbar. In der Gattung *Helvella* (Lorcheln) gibt es zahlreiche, sehr unterschiedliche Arten. Die meisten kommen nicht für Speisezwecke in Betracht.

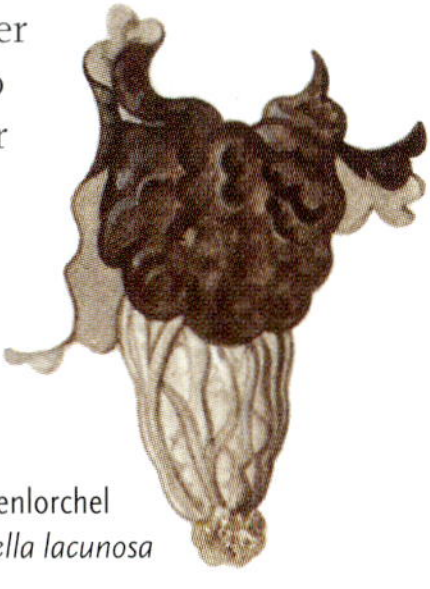

Grubenlorchel
Helvella lacunosa

- **Juli bis November**
- **5–12 cm**
- **eßbar**

- **Merkmale**
  Hutteil unregelmäßig gelappt, gefaltet und verbogen, milch- bis cremeweiß oder hell gräulich, brüchig; Lappen ca. 1 mm dick, glatt und matt; Stielteil weiß, durchgehend tief längsgrubig, zäh; Geruch erst angenehm-aromatisch, bei älteren Fruchtkörpern dann aufdringlich süßlich

- **Vorkommen**
  in Laub- und Mischwäldern, gerne am Wegrand

- **Verbreitung**
  überall häufig und verbreitet

- März bis Mai
- 3–8 cm
- giftig

- **Merkmale**
  Hut rundlich, oval oder mehrlappig deformiert, Oberfläche hirnartig gewunden, Windungen außen geschlossen und glatt, ganzer Hut innen hohl, hellbraun bis dunkelrotbraun; Stiel weißlich bis hellockerlich, stellenweise mit dem Hut verwachsen, hohl, kahl und oft längsfaltig; Geruch angenehm aromatisch
- **Vorkommen**
  in sandigen Kiefernwäldern
- **Verbreitung**
  in Europa selten bis ortshäufig

Frühjahrslorchel

Gyromitra esculenta

Mit etwas Glück kann man die vor dem Erdboden unauffällig getarnten Lorcheln auf einem Osterspaziergang durch den Kiefernwald entdekken. Meist erscheinen sie noch etwas früher als die Morcheln. Sie tragen einen irreführenden wissenschaftlichen Namen, da esculentus eßbar bedeutet.

durchgeschnittener Pilz

Die Pilze wurden früher sogar auf Märkten gehandelt. Der darin enthaltene gefährliche Giftstoff Gyromitrin wurde erst vor 50 Jahren entdeckt. Gyromitrin ist wenig stabil und zersetzt sich teilweise beim Trocknen und Kochen. Jeder Pilzsammler sollte sich die Unterschiede zwischen Morcheln und Lorcheln genau einprägen.

Speisemorchel
Morchella esculenta

Kaum lassen die Bäume das erste Grün erahnen, erscheinen die besten frühen Speisepilze, oft an ungewöhnlichen Standorten wie z.B. im rindenmulchbedeckten Vorgarten. Man muß aber schon genau hinsehen, um diese gut getarnten Köstlichkeiten zu entdecken. Morcheln sind sehr vielgestaltig, und es gibt auch einige Arten. Eine davon ist die Spitzmorchel *Morchella conica*. Sie zeichnet sich durch einen spitzen Hut und ein regelmäßigeres Wabenmuster mit längsausgerichteten Rippen aus. Der oft gleichzeitig erscheinende Doppelgänger, die giftige Frühjahrslorchel, hat eine hirnartig gewundene Oberfläche und keine hohlen Waben.

Spitzmorchel
Morchella conica

- **April bis Mai**
- **3–20 cm**
- **eßbar**

- **Merkmale**
  Hut rundlich oder oval, unregelmäßig wabenartig gekammert, hohl, beige, hell- bis dunkelbraun; Stiel weißlich bis hell-lockerlich, direkt mit der Oberkante des Hutes verwachsen, hohl, kahl und etwas runzelig; Geruch und Geschmack sehr aromatisch

- **Vorkommen**
  in Auwäldern unter Eschen, aber auch an vielen anderen Standorten

- **Verbreitung**
  im Hochgebirge fehlend, sonst häufig

1

3

5

1 **Wiesenellerling**
Hygrocybe pratensis
Wachsblättler
nährstoffarme Wiesen, verbreitet, geschützt!

2 **Nordischer Milchling**
Lactarius trivialis
Täublingsverwandte
unter Nadelbäumen und Birken

3 **Grauer Saftling**
Hygrocybe unguinosa
Wachsblättler
nährstoffarme Wiesen, nicht häufig, geschützt!

4 **Schiefer Schillerporling**
Inonotus obliquus
Borstenscheiblingsverwandte
an Birken, medizinisch wirksam, besonders in Rußland getrocknet, gemahlen und mit Wasser verrührt als Allzweckmedikament verwendet

5 **Faserstieliges Graublatt**
Lyophyllum ozes
Ritterlingsverwandte
an mulmigen Stellen in Wäldern

6 **Später Saftling**
Hygrocybe laeta
Wachsblättler
nährstoffarme Wiesen, verbreitet, geschützt!

1

3

4

6

1 **Gitterling**
Clathrus ruber
Gitterlinge
Waldränder, verbreitet, aber selten

2 **Steineichen-Rauhfuß**
Leccinum lepidum
Röhrlingsverwandte
unter Steineichen, nicht häufig

3 **Dünenfaserling**
Psathyrella ammophila
Tintlingsverwandte
im Sand der Dünen an der Küste

4 **Büscheliger Egerlings-schirmpilz**
Leucoagaricus bresadolae
Schirmlingsverwandte
an Holzlagerplätzen z. B. in Frankreich

5 **Ölbaumtrichterling**
Omphalotus olearius
Röhrlingsverwandte
an Olivenbäumen und Kastanien leuchtet im Dunklen

6 **Tamarisken-Schillerporling**
Inonotus tamaricis
Borstenscheiblingsverwandte
an Tamarisken südlich des 44. Breitengrades

7 **Gelber Faltenschirmling**
Leucoprinus birnbaumii
Schirmlingsverwandte
auf feuchtwarmen Böden, erscheint hierzulande gelegentlich in Blumentöpfen in der Wohnung und in Gewächshäusern

1

3

4

6

1 **Kaiserling**
Amanita caesarea
Wustlingsverwandte
besonders unter Eichen
einer der delikatesten und teuersten Speisepilze

2 **Südeuropäischer Wabenschwamm**
Aponoxa nitida
Porlingsverwandte
an Steineichen und Grüneichen

3 **Lamellenbovist**
Gyrophragmium dunallii
Bauchpilzverwandte, bildet isoliertstehende Übergangsformen zwischen Bauch- und Lamellenpilzen
in Küstennähe im Dünensand

4 **Mittelmeer-Hartbovist**
Scleroderma meridionale
Bauchpilzverwandte
an trockenen, sandigen Stellen

5 **Südlicher Schleimrübling**
Oudemansiella mediterranea
Ritterlingsverwandte
im Dünensand im Winter

6 **Bellini 's Schmierröhrling**
Suillus bellinii* f. *lutea
Röhrlingsverwandte
unter Kiefern und Pinien

7 **Eierwulstling**
Amanita ovoidea
Wulstlingsverwandte
in Laub- und Nadelwäldern

Aufgrund des begrenzt zur Verfügung stehenden Platzes wurden zweiteilige deutsche Namen nur einmal und zwar mit vorgestelltem Gattungsnamen aufgeführt. So ist z. B. der „Grüne Knollenblätterpilz" lediglich unter „Knollenblätterpilz, Grüner" zu finden. Auch wurden nur die Pilze in das Register aufgenommen, die ausführlich mit Text und Foto beschrieben sind.

Impressum

Mit 221 Farbfotos von Ewald (190), Giel (193, 204), Hecker (181, 189), Kasparek (21, 28, 31, 39, 48, 53, 57, 59, 64, 71, 73, 74, 77, 78, 79, 83, 84, 85, 88, 93, 94, 96, 97, 99, 100, 104, 107, 108, 119, 123, 126, 127, 129, 144, 151, 156, 157, 159, 160, 162, 171, 173, 175, 182, 183, 184, 186, 191,194, 205, 206, 209, 210, 211, 213/4, 213/6), König (117, 197), Laux (15, 17, 18, 20, 22, 24, 25, 27, 29, 30, 32, 34, 35, 37, 38, 41, 47, 49, 50, 51, 58, 60, 62, 65, 68, 70, 72, 82, 86, 95, 102, 103, 105, 106, 110, 113, 114, 115, 125, 128, 131, 133, 134, 136, 138, 140, 142, 147, 148, 150, 152, 153, 155, 161, 165, 166, 168, 169, 172, 174, 176, 177, 179, 185, 188, 198, 200, 201, 203, 207, 208, 212/1, 213/2, 215/7), Montag (4, 5, 16, 26, 33, 36, 42, 43, 44, 52, 54, 55, 56, 63, 66, 69, 75, 76, 80, 81, 87, 89, 91, 92, 109, 111, 118, 120, 121, 124, 135, 139, 141, 143, 145, 146, 149, 158, 163, 164, 167, 170, 178, 187, 195, 196, 202, 212/3, 212/5, 214/4), Pforr (14, 23, 61, 67, 130, 132, 137), Reinhard-Tierfoto (3, 192), Reinwald (45, 98, 101, 112, 116, 154, 180, 214/1, 214/3, 214/6, 215/2, 215/5, 216, 217), Rodenkirchen (199), Synatzschke (19, 122), Vogt (46, 90) sowie 206 Farbzeichnungen von T. Brückner (Zeichnungen auf den Seiten 7u., 8 und 9 verändert nach H. Dörfelt)

Wichtige Hinweise für den Benutzer
Auch die ausführlichste Diagnose in einem Pilzbestimmungsbuch kann die umfassende Erfahrung nicht ersetzen, die ein Pilzsammler erst im Laufe der Zeit erwirbt. Lassen Sie deshalb selbstbestimmte Pilze beim geringsten Zweifel an der Diagnose vorsichtshalber von einem Fachmann nachbestimmen (Pilzberatungsstellen, anerkannte Pilzberater). Im Zweifelsfall sollten Sie eine fragliche Art nicht verwenden. Verlag und Autorin tragen keinerlei Verantwortung für Fehlbestimmungen durch den Leser dieses Buches oder für individuelle Unverträglichkeiten. Allgemein gilt: Pilze nie roh essen! Sofern nicht anders angegeben, schließt der Hinweis „eßbar“ stets ein, daß der Pilz zuvor durch Braten, Kochen etc. eine Hitzebehandlung erfuhr.

Auf dem Vorsatz und Nachsatz 64 Farbzeichnungen von W. Lang und 9 Symbole von N. Baasner.

Umschlaggestaltung von eStudio Calamar, Pau, unter Verwendung einer Aufnahme (Riesenschirmpilz, Parasol) von Hans E. Laux sowie einer Farbzeichnung (Eichenmischling) von T. Brückner.

Bibliografische Information der Deutschen Bibliothek
Die Deutsche Bibliothek verzeichnet diese Publikation in der Deutschen Nationalbibliografie; detaillierte bibliografische Daten sind im Internet über http://dnb.ddb.de abrufbar.

Gedruckt auf chlorfrei gebleichtem Papier

2.Auflage

ISBN 3-440-09375-1
Grundlayout: eStudio Calamar
Lektorat: Dr. Sigrun Künkele
Produktion: Markus Schärtlein / Lilo Pabel
Satz: Hahn Medien, Kornwestheim
Druck und Bindung: Těšínská Tiskárna, a.s., Český Těšín
Printed in Czech Republic / Imprimé en République tchèque

Hutform

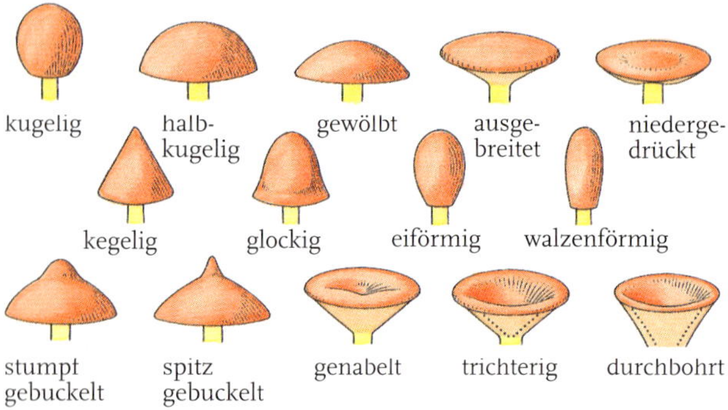

Hutoberflächen

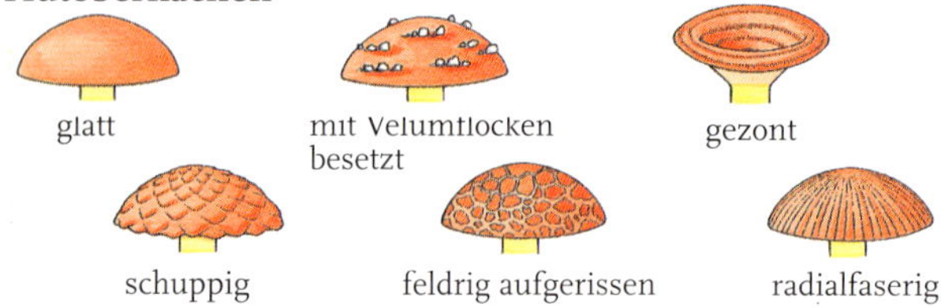

Hutrand

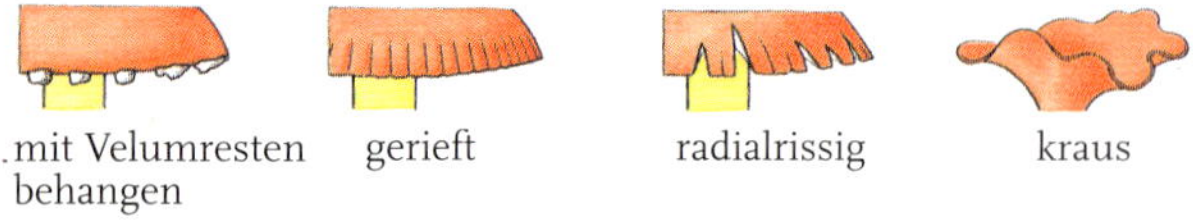

Ring, Manschette

Stielform

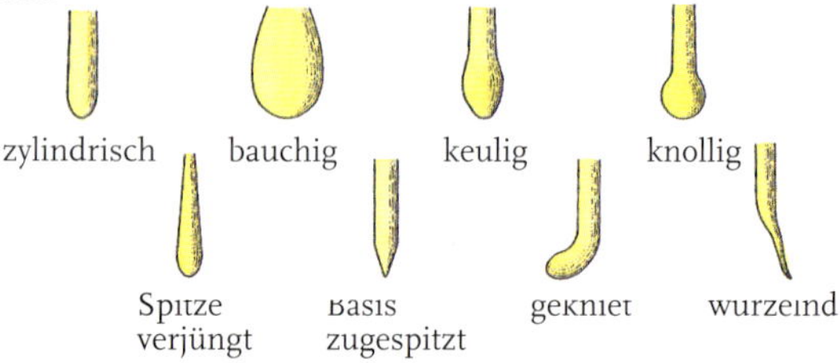